Walter Zimmer

Rheinhessen – Geschichte und Geschichten einer Provinz

Viel Spaß
beim Erkunden
von Rheinhessen

P. Wartner.

ISBN 978-3-9809225-2-4

Gemeindestr. 10 · 55599 Siefersheim · Fon 06703-30 10 819 · www.rebensache.de

Fotografie und Illustrationen: Peter Warbinek, Siefersheim
Satz, Layout und Umschlagdesign: Gert Österreicher, Wiesbaden
Bildbearbeitung: City-Repro, Mainz-Hechtsheim

Printed in Germany

Walter Zimmer

Rheinhessen

Geschichte und Geschichten einer Provinz.
Eine Plauderei über alte Zeiten.

REBEN SACHE
Design und Verlag

Bei den Namen handelt es sich um erklärende oder historische Aussagen. Ähnlichkeiten mit existenten Personen und Familien wären deshalb rein zufällig und keinesfalls beabsichtigt.

Walter Zimmer ist ein geborener Rheinhesse. Die Linie seiner Namensträger lässt sich bis 1598 zurückführen, eine Ahnenreihe der mütterlichen Linie ist bis 1622 ebenfalls im südlichen Rheinhessen, dem ehemaligen kurpfälzischen Teil, nachgewiesen. Seine daraus herrührende Verbundenheit mit Land und Leuten, mit deren Geschichte und Geschichten, führte ihn zur Familien- und Namensforschung. Die nötige Akribie brachte sein Beruf als Beamter mit sich. Jahrzehntelang befasste sich der heutige Ruheständler im Rahmen der heimat- und familiengeschichtlichen Forschung mit den Ein- und Auswanderungsströmen im heutigen Rheinhessen, insbesondere mit der Zeit nach dem 30-jährigen Krieg.

Die dabei gewonnenen Erkenntnisse sind ein wesentlicher Bestandteil dieses Buches geworden. Gerade Rheinhessen bietet mit seinen Ein-, Aus- und Durchwanderungen ein reiches Forschungsfeld.

Zur „schreibenden Zunft" stieß der Autor schon früh. Von 1947 bis 1979 war er als freiberuflicher Sportjournalist an den Wochenenden viel unterwegs, und es gibt kaum einen rheinhessischen Sportplatz, von dem er nicht berichtet hätte. Sein erstes Buch, ein Memorial der Zeitgeschichte, mit dem Titel: „Zwischen Goldmark und Euro", ist 2004 im Wolfgang Hager Verlag – ISBN 3-902400-48-X – erschienen.

Das vorliegende Buch „Rheinhessen – Geschichte und Geschichten einer Provinz" – versucht, in eingängiger Kurzform allen Interessierten Einblick in die reiche, wechselvolle Geschichte des heutigen Rheinhessen zu vermitteln und mit der typischen Lebensart seiner Menschen vertraut zu machen.

RebenSache
Design und Verlag

Vorwort

Geschichtliches

„Schmelztiegel“ Rheinhessen

Die Städte und ihr Umland

Rheinhessen, das zu Rheinland-Pfalz gehörende Hügel- und Rebenland, genießt den Ruf eines freundlichen Wein- und Kulturlandes. Das war nicht immer so. Seine Geschichte ist nämlich reich an bewegten und wechselvollen Epochen, die ihre Spuren hinterlassen haben. Wer immer mit der Provinz in Berührung kommt, kann das auf Schritt und Tritt erfahren, was gleichermaßen auch für seine Besiedelung, das Leben seiner Bewohner gilt. Von dieser Vergangenheit, die auf das Land und seine Menschen vielfältigen Einfluss hatte, wird hier die Rede sein. Kurzweilig, auf das Wesentliche bezogen, sind das die Schicksale vieler Generationen, die Jahrhunderte lang in diesem einstmals heillos zersplitterten Gebiet alltäglich waren. Damit ist der Band jenen Lesern zu empfehlen, die sich über Land und Leute schnell und doch informativ unterrichten möchten. „Gestandene Rheinhessen" will sein Inhalt an so manches Altbekannte erinnern, während er den Jüngeren einiges der Bevölkerungs- und Familiengeschichte, der Zu- und Abwanderung, näher bringen kann.

Heute ist jenes Wissen, das im 19. und frühen 20. Jahrhundert noch geläufig war, weniger vorhanden, denn viele Ereignisse der Vergangenheit sind länst vergessen, zumal Heimatkunde an den Schulen kaum noch vermittelt wird. Früher, als die Mundart noch Umgangssprache war, half allein schon deren treffende Kürze mit nur wenigen Worten viel zu erklären. Und so erzählten sich unsere Vorfahren beim Schein der Rüböllichter oder Kerzen alles aus Sippe und Nachbarschaft immer wieder. Schicksale, Sagen und Anekdoten, auf die heute keine Führung verzichten kann, und die, in geselliger Runde vorgetragen, stets Gehör finden. Damit nimmt unsere Geschichte ihren Anfang.

Sie beginnt in einem rheinhessischen Winzerausschank, in den ein auf Reise befindliches Ehepaar eher zufällig gekommen war und in dem voll besetzten Raum nach einem Platz suchte. Der gastfreundliche Hausherr führte das Paar, das schon enttäuscht wieder gehen wollte, an den Stammtisch seiner Weinstube, wo es dann – bei Speise und Trank – noch viel Interessantes hören sollte. Hier war nämlich eine Plauderei im Gange, die so manches der anfangs erwähnten rheinhessischen Vergangenheit

wieder einmal lebendig werden ließ. Auch wir nahmen am Nebentisch wahr, was der zur Tischrunde gehörende Altbürgermeister, ein Winzer und Heimatforscher, erzählte:

„Die Rhoihesse machen iwwer sich un Rhoihesse ka groß Priambel, obwohl se sunscht schun zimlich direkt sin. Awwer mit de Deer ins Haus fallen se net. All die wo nemlich mit uffene Ah zu uns no Rhoihesse kummen, merken vun sich aus, dass dess net hinnerm Mond leit un do aach Vieles annerscht is als sunschtwo. Dess is halt ebbes Besonneres an der Provinz un nor aus ehrer Vegangenheit se erkläre. – Kelte, Remer un veschiedene Germanestämm hun aach e mol do gelebt, eh sich vun dene die Franke dorchgesetzt hun. Johrhunderte lang sin dann unser aarme alte Vorfahre vun Not und Krieche hamgesucht un aach arich schofel behannelt wor, was mer heit noch üwerall an de viele Ruine seh kann. Sellemols hun uns halt die ganze Kunsorte so manch Adenke dogeloß, aach des a ore annere in unserm Dialekt. Awwer uff den losse mer Rhoihesse gar nix kumme. Är lesst sich nor schwer schreiwe, gesproch is er awwer ehrlich un nie zwedeitig, wie mär des jo aach kennt.

So jetz wissen er wenischtens es Wichtischste iwwer Rhoihesse un sei Rhoihesse, die wo so gern bei Weck, Worscht un Woi feiere dun. Un des wärs eichendlich aach schun. – Also nix fer ugut un merrße, dass Er fer unsern Dialekt emol a Aablick Zeit hatten.

Jetzt awwer noch des: Wanner meh iwwer die alde Zeite wisse wollen, missener jetzt gut achtbasse. Es is net so viel un aach net so wenich, was vezehlt wärd, awwer soviel, was mär schun wisse sollt uff jeden Fall. Un weil in Rhoihesse es Dialekt noch ka Amtssprach is, wärd die ganz Geschicht ohne lange Fissemadente jedenfalls so geschildert, dasses jeder vesteh kann. Deshalb geht's dorch die Zeite vun Rhoihesse orre Kla-Europa, wie märs aach nenne kennt, jetzt weire! Hochdeitsch natirlich."

Wer über die Schnellstraßen zwischen Köln und Straßburg oder Frankfurt am Main und Metz fährt, kommt durch Rheinhessen. Anders als bei einer Fahrt entlang seines Rheinufers von Worms über Mainz bis Bingen sieht das Auge hier das Innere des Landes, das im Kontrast zu dem Anblick des Stromes mit seinen Ufern steht. Am „Kreuz Alzey", dem Schnittpunkt dieser beiden Autobahnen vor dieser kleinen rheinhessischen Kreisstadt, ist man mitten im größten deutschen Weinanbaugebiet.

Mit Tausenden täglich passiert der Fernreisende diese Region. Seine ständige Wachsamkeit auf das Straßengeschehen während seiner Reise verbietet ihm aber den Blick auf das, was links und rechts der Straße liegt. Wer sich aber einmal die Zeit für einen Besuch dieser Gegend nimmt, wird vom schnellen Kontakt zu Land und Leuten überrascht sein.

Diese Landschaft, die einmal total von Wasser bedeckt war, als der Ur-Rhein vor Millionen Jahren noch seinen Lauf suchte, kann diesen Ursprung nicht verbergen. Schwache Erhebungen, mit Weinstöcken bepflanzte Hügel bringen Abwechslung in ihr Bild und lassen alles weniger gleichförmig erscheinen. Doch der erste Anblick kann nicht fesseln; von einer spontanen Liebe kann keine Rede sein. Man sieht keine Berge, keine Seen, keinen Wald, und auch die Selz, ihr größter Fluss, mehr ein breiter Bach, zieht sich auf seinem 61 Kilometer langen Weg eher unauffällig durch die Fluren. Dennoch hat dieser auf den flüchtigen Blick hin so scheinbar gleichförmige Landstrich, der von Eiszeitgletschern verschont geblieben und niemals hochbewaldet war, wechselvolle Zeiten durchlebt. Ausgrabungsfunde bezeugen die bis in die Steinzeit zurück reichende sehr frühe Besiedelung. Vielleicht sind das Erklärungen dafür, warum dieses Land so Viele nicht mehr los lässt, wenn sie einmal mit ihm in Berührung gekommen sind. „Liebe auf den zweiten Blick" nennt der Volksmund dann eine solche Zuneigung.

Im Norden und Osten hat die etwa 1.400 km^2 umfassende Provinz mit dem Lauf des Rheines, im Westen an der Nahe und im Süden an der Pfrimm ihre ungefähren Grenzen. „Rheinhessen" nennt sie sich erst seit 1818. Nach der 1816 erfolgten Eingliederung in das damalige Großherzogtum Hessen hat sich dieser Namen aus „Hessen und bey Rhein, mit dem sich die Bevölkerung zunächst nicht anfreunden wollte, herausgebildet. Bis zu diesem Zeitpunkt entbehrte das Land jeglicher Bindung zum rechtsrheinischen Hessen.

Mit den Kelten, einem indogermanischen Stamm, der um 600 v. Chr. in Europa sesshaft geworden ist, beginnt die erste großräumig strukturierte Besiedlung dieser Region. Schriftlich haben die Kelten nichts hinterlassen. Was man von ihnen weiß, kommt aus anderen Quellen. Dass sie von den Römern, die mit Caesars Krieg gegen die Gallier (auch Kelten genannt) 58 - 51 v. Chr. an den Rhein kamen, unterworfen worden sind, ist nur durch deren Schriften überliefert. Sie errichteten dann in Mainz um 13 v. Chr. ein Legionslager und machten in Rheinhessen weitere Orte zu Stützpunkten. Das spätere Alzeyer Kastell wird aber schon in eine Epoche datiert, in der sich die Römerzeit ihrem Ende näherte. Ausgrabungsfunde weisen auf diese Spuren und bis heute auch auf das Wirken von Kelten und Römern hin. So schreibt man den Acker- und Weinbau und die Anlage erster Straßen und Brücken im Sinne einer Planung den Römern zu, während die Kelten als Namensgeber der Berge und Flüsse gelten. Auch in den latinisierten Namen wie Altiaia (Alzey), Albiacum (Albig), Bingium (Bingen), Moguntiacum (Mainz) und Borbetomagus (Worms) sieht man keltische Wurzeln.

Germania Superior nannten die Römer ihre linksrheinische Grenzprovinz um Mainz, die längst zur Begierde der vor den Hunnen weichenden und Land suchenden Stämme der Germanenvölker geworden war. Ihr Vordringen hat sich aber in Rheinhessen nur ganz allmählich vollzogen und zwang schließlich die Römer, ihre Grenzen am Limes (dessen obergermanischer Teil auf einer Linie von Rheinbrohl – Bad-Ems – Homburg v.d.H. – Miltenberg verlief) aufzugeben und sich an den Rhein zurückzuziehen. Das war um 260 - 270 als erstmals Germanen zum Rhein vorstießen. Dann waren es die Alemannen, die um 368 Mainz zerstörten. Rom konnte die vielen Völker, die es unterworfen hatte, nicht mehr beherrschen und, ganz nebenbei bemerkt, die aus ihrer Heimat an Sonne gewöhnten Römer machten ihren Dienst hier am Rhein auch äußerst ungern. Für die Außensicherung wurden deshalb im 4. Jahrhundert mit Fremdvölkern (aus allen Teilen des Imperiums) auch Germanen zur Grenzsicherung angesiedelt, was logischerweise

„Handel und Wandel", also Austausch, zwischen ihnen brachte. Friedliche Zeiten waren es dennoch nicht. Diese Vorgänge der Geschichte, bei denen es permanent um Landnahmen und Flucht ging, werden mit der Bezeichnung einer „Völkerwanderung" (375 - 568 n. Chr.) sehr verharmlost, denn alles bis dahin Erreichte fiel einer Vernichtung anheim, die in ihrem Ausmaß an Zerstörung kaum zu beschreiben ist. Das gilt auch für den Weinbau, der erst um 700 wieder kultiviert wurde. Als weiteres Beispiel sind die zum Wohnwert zählenden Bäder und Heizungen zu nennen, die erst im 20. Jahrhundert in Europa nach und nach allgemeiner Standard wurden, aber schon damals auf dem technischen Niveau ihrer Zeit in jedem Römerhaus üblich waren. All das hilft zu erklären, warum die rund 400-jährige Römerzeit auf rheinhessischem Boden als eine Zeit des Wohlstandes überliefert ist.

Kämpfe zwischen den Germanen und Römern gab es schon vor dieser Zeit. 113 v. Chr. besiegten in Kärnten Cimbern und Teutonen, die aus dem Norden gekommen waren, die Römer, welche ihrerseits erst 101/102 v. Chr. wieder die Oberhand gewinnen konnten. Etwa hundert Jahre später, als die Römer weiteres germanisches Land (4-6 n. Chr.) zu ihrer Provinz machten, wurde diese Expansion ein totaler Fehlschlag. Sie mussten die Provinz aufgeben, nachdem im Jahre 9 n. Chr. drei ihrer Legionen unter Varus im Teutoburger Wald von Arminius mit seinen Cheruskern vernichtend besiegt worden waren. (Inzwischen erhebt der Ort Kalkriese nach Ausgrabungen den Anspruch, dieses Schlachtfeld gewesen zu sein.) Die Römer verteidigten daraufhin den Limes, später nur noch den Rhein als Grenze. Die heutige Provinz Rheinhessen mit ihrer damals keltisch-romanisierten Bevölkerung (Treverer und Vangionen) ging mit dem Einfall der Vandalen, Sueben und Alanen zur Jahreswende 406/407 für Rom endgültig verloren. 436 brachte der Einfall der Hunnen weitere Zerstörung in das Land. Erst nach deren Niederlage im Jahre 451 auf den Katalaunischen Feldern gewannen die Germanen wieder die Oberhand.

Auf die Römer folgten die Alemannen, die dann wieder von den Franken verdrängt wurden. Diese konnten Bingen und Mainz in ihren Machtbereich bringen, während die Mitte Rheinhessens zunächst noch „Niemandsland" geblieben war. Worms, zeitweise Mittelpunkt des legendären Burgunderreiches, wurde 496 als letzter alemannischer Besitz von den Franken übernommen. Damit hatten sie das ganze linke Rheinufer an sich gebracht und so einen hundertjährigen Zustand der Wirren und Kämpfe hierzulande beendet. Es wird vermutet, dass die Schlacht, die das entschied, bei Albig ausgetragen wurde.

Kriege, Landnahmen und Vertreibungen brachten während der Völkerwanderungszeit zwischen dem 4. und 6. Jahrhundert wohl die größten Umwälzungen, die die Alemannen und Franken vollzogen. Unsere heutigen Ortsnamen, die mit „heim" oder „hofen" enden, gehen auf die Franken

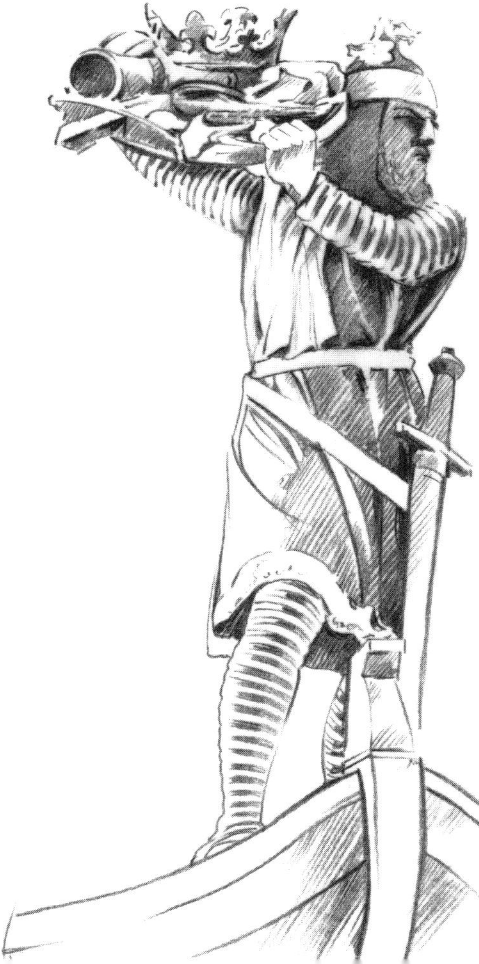

Hagen versenkt den Schatz der Nibelungen

Bonifatius,
Erzbischof zu Mainz

zurück; diejenigen mit der Endung „weiler" oder „willer" auf die Alemannen. Von dem Reich der Burgunder um Worms (eine römische Föderation um 406 - 437) weiß man wenig.

Seine Zerstörung durch die Hunnen wird im Nibelungenlied (12. Jahrhundert), ein dreiviertel Jahrtausend später, verklärt. Dieses Epos wird wachgehalten und gepflegt. Volkerstadt Alzey, Nibelungenstadt Worms oder Straßennamen mit Gernot, Kriemhild, Hagen, Siegfried oder Volker erinnern an diese Sage und ihre Helden.

In jene Zeit der Völkerwanderung, die den Beginn des Frühen Mittelalters markiert, fallen die ersten staatsähnlichen Zusammenschlüsse in der Nachfolge des römischen Imperiums. In den dann folgenden Perioden bauten sich jene Frühformen zu immer perfekteren Staatsgebilden weiter aus. Diese Abläufe der Geschichte werden später nur insoweit zu Wort kommen, als sie für Rheinhessen selbst relevant sind. Versuchen wir deshalb mit einem Blick in jene Frühzeit, die vom Schleier des Vergänglichen überdeckt ist, noch etwas aufzuspüren.

Vielen Generationen vor uns waren die alten Geschichten bis in das frühe 20. Jahrhundert noch mündlich überliefert worden. Legenden erzählten von den „krummbeinigen" Hunnen, die ihren Vorrat an rohem Fleisch auf ihren Sätteln zartgeritten hätten, und bei ihrem Einfall, auf dem Zug zur Loire, soll sich sogar Folgendes zugetragen haben: „Die Hunnen, angeführt von ihrem König Attila, drangen in das Land am Rheine ein. Da haben sie viel Plünderung und viel Grausamkeit an den Christen verübt. Der Mainzer Bischof Aureus, seine Schwester und viele Prediger wurden von diesen Barbaren ermordet. Auf der Weinheimer Höhe wurden mehrere Verkünder des christlichen Glaubens grausam hingerichtet. Dann zogen die Hunnen nach dem Westen weiter." Gemeint ist damit die Villa Heiligenblut im Alzeyer Stadtteil Weinheim, von der die Legende weiter sagt: „Im Jahre 746 ehrte der heilige Bonifatius das Gedächtnis jener unglücklichen Märtyrer. Er ließ auf ihrer Richtstätte eine Kapelle erbauen, die er ‚zum heiligen Blut' nannte." Zugleich ließ Bonifatius, der ein Jahr zuvor Bischof des Mainzer Bistums geworden war, auf dem Blutberg auch Weinberge anlegen. Diese gehören damit zu einer der ältesten Weinlagen in Deutschland. Auch die älteste verbriefte deutsche Weinbergslage, die „Niersteiner Glöck", die sich auf das Jahr 742 berufen kann, liegt in Rheinhessen.

Aus fränkischer Zeit ist wenig Sichtbares überliefert. An den Grundrissen der Orte ist zwar zu erkennen, dass sie einheitlich angelegt worden sind, und man weiß auch, dass der Erwerb von Land nicht dem freien Zugriff unterlag. Bauten aus der Zeit zwischen 500 und 900 sind in ihrem Urzustand aber nicht mehr erhalten. Allenfalls erinnern sie als Ruinen oder Flurnamen noch an diese Epoche.

In der Weinstube geht die Unterhaltung
mit den Zeiten weiter, in denen es noch keine Maschinen
und Zeitungen gab, als unsere Vorfahren noch alles mit ihrer
eigenen Kraft erarbeiten und erwandern mussten.
Damals war Europa – außer dünn besiedelten und spärlich
bewaldeten Gebieten wie Rheinhessen – vom tiefsten Süden
bis weit nach Osten noch mit Urwäldern überzogen.
Amerika, Australien und noch vieles mehr war
noch nicht entdeckt...

Rheinhessen
Geschichtliches

Vom Reich der Franken bis zur Reformation. Die Franken waren der einzige Verband von Großfamilien und Sippen innerhalb der germanischen Völkerstämme, denen es dauerhaft gelungen war, einen Staat zu gründen. Dass der Fortbestand dieses Großreiches und damit die Verwirklichung einer Idee letztendlich an seiner Teilung scheiterte, ist zur geschichtlichen Tragik geworden, obgleich die durch das Frankenreich geschaffenen Grundlagen für die europäische Entwicklung prägend waren.

Der Stammesverband der Franken hat sich schon früh geteilt. Zuerst in zwei sprachlich aufgespaltete Siedlungsgebiete, die der West- und Ostfranken (der heutigen Franzosen und Deutschen), später in zwei Staaten, analog als Folge ihrer nicht mehr gemeinsamen Sprache. Einzelne der expandierenden Frankenstämme hatten sich schon vor ihrer Staatenbildung, etwa westlich und südlich und dann wieder westlich der gedachten Linie Dünkirchen – Brüssel – Maastricht – Metz – Kaysersberg, längst mit der dort ansässig gewesenen Bevölkerung assimiliert und mit ihr die französische Sprache herausgebildet. Östlich dieser Sprachgrenze blieb das Fränkische erhalten und entwickelte sich zur heutigen deutschen Sprache. Auf die Bildung eines gemeinsamen Reiches der Franken unter den Merowingern (482) hatte das Bestehen dieser beiden unterschiedlichen Sprachräume zunächst keinen Einfluss.

Auch die Karolinger, die 751 die Macht an sich gebracht hatten, setzten diese Reichseinheit (Pippin, Karl d. Gr., Ludwig der Fromme) fort. Sie endete aber spätestens mit den Reichsteilungen 843, 870 und 879/80, denen Bruderkriege, durch Zwist in der Herrscherfamilie ausgelöst, vorausgegangen waren.

Die „Drittelung" oder Spaltung in das Westfrankenreich (Karl der Kahle), Loth(a)ringen (Lothar) und das Ostfrankenreich (Ludwig der Deutsche) waren das Ergebnis dieser Machtkämpfe. Mit diesen in der Tat „familiären" Erbteilungen begannen nicht nur die getrennten Wege dieser Staaten, sondern auch die „Erbfeindschaften". Diese ursprünglich familiären Erbstreitigkeiten der Herrscher ergingen sich schließlich in sich immer wiederholenden Kriegen zwischen diesen engsten Verwandten bis in das

Vertrag von Verdun, 843

Reich Karls II d. K. **Reich Lothars I.** **Reich Ludwigs d. D.**

20. Jahrhundert und führten so zwangsläufig auch zu einer nationalen Feindschaft der Völker. Rheinhessen hatte unter diesen Folgen der Geschichte besonders zu leiden.

Kaiser Karl d. Große

Mit der Gründung des Frankenreiches durch Chlodwig 1. (496) hatten die germanischen Franken das Christentum, dessen Ausbreitung dann am stärksten auf die kulturelle Entwicklung einwirkte, zur Staatsreligion gemacht. Zu nennen sind hier vor allem die etwa ab dem Jahre 370 arbeitenden Klöster, denen später auch Gründungen im Reich folgten (u.a. Weißenburg 631/32, Fulda 744, Lorsch 763). Sie verstanden sich nicht nur als Missionen zur Verbreitung des Glaubens, sondern verfolgten in dem dünn besiedelten Land als Stützpunktstrategie das Muster der Römer und legten ihrerseits wieder Gehöfte in ihrem weiteren Umkreis an. Ein solcher Stützpunkt dürfte der in der Gemarkung Gundersheim gelegene Bischheimerhof sein, dessen Besitzer das Kloster Weißenburg, später das Kloster Otterberg und nach der Reformation die Kurpfalz waren. Die Klöster leisteten durch ihre Mönche der Bevölkerung auch medizinische Hilfe und lieferten vor allem der sich im Aufbau befindenden Landwirtschaft damals die neuesten Erkenntnisse. Da die Mönche im Gegensatz zum einfachen Volk auch Schrift und Sprachen beherrschten, waren die Klöster so etwas wie die ersten Universitäten. Dom- und Klosterschulen, also höhere Schulen, wurden im Zuge dieser Entwicklung durch Karl d. Gr. um 800 im ganzen Reich eingeführt. Karl d. Große selbst beherrschte Latein und verstand Griechisch; Lesen und Schreiben war aber nicht seine Sache (Volksschulen unter Aufsicht der Kirchen kamen im 17. Jahrhundert auf; als erstes Land führte Preußen 1717 die allgemeine Schulpflicht ein).

Die Teilung des Frankenreiches in drei neue Territorien vollzog sich, als das Land gerade die Verwüstungen aus der Zeit der Völkerwanderung einigermaßen verkraftet hatte.

Im noch ungeteilten Reich hatten sich aber schon große Veränderungen mit Wirkungen, die nicht abzuschätzen waren, vollzogen. War zu den Zeiten der Landnahme noch das Fußvolk Träger der Schlachten, so hatte sich die Reiterei bis zum 8. Jahrhundert nach und nach zur modernsten Waffengattung entwickeln können. Ihre Angehörigen, die „Ritter", waren zu selbstständigen Berufssoldaten geworden. Weil sie Pferd und Waffen selbst stellen mussten, wurden sie in den Ritterstand versetzt und mit Landlehen und allen dazugehörigen Privilegien ausgestattet. Nach und nach führten aber die Lehen, begünstigt durch ein schwaches Königtum, mit ihrer Verselbstständigung (Lehenhoheit) zur Kleinstaaterei in Deutschland. Das Reich der einst freien Franken hatte sich im Abendland nach und nach in eine Feudalherrschaft gewandelt. Die Landbevölkerung hatte sich nämlich dem Schutz der Lehnsherren (Grundherren) unterstellt. Die Befreiung vom Kriegsdienst führte aber in andere Abhängigkeiten wie Frondienst, Leibeigenschaft und Zehntabgaben. Davon war auch Rheinhessen nicht verschont geblieben.

Auf die Kleinstaaterei in Rheinhessen wird später noch eingegangen. Hier nur das: Es war ein Zeitabschnitt, in dem es in den noch nicht gefestigten Konturen Europas immer wieder kriegerische Streitereien, mit allen Folgen für das einfache Volk, gab. Hier sollen nur die geschichtlich wesentlichen Gemeinsamkeiten der Region, die Teil des Ostfrankenreiches war, aufgezeigt werden. Das Erste Deutsche Reich (911, 919, 951, 962 und 1033) ist daraus hervorgegangen.

Ab 915 bedrängten die Ungarn, die Heinrich I. 933 bei Riade schlagen konnte, immer wieder die Grenzen des noch jungen Reiches. Aber erst der Sieg auf dem Lechfeld (955) durch Otto d. Gr. ließ die damals kriegerischen Ungarn etwa in ihren heutigen Landesgrenzen sesshaft werden. Auch der sogenannte „Mongolensturm" im 13. Jahrhundert unter Dschingis-Khan verbreitete Angst und Schrecken. Von China bis zum Schwarzen Meer reichte ihr Einflussgebiet. Bei ihrem Vorstoß über die Walachei nach Westen siegten sie am Sajofluss und bei Liegnitz. Dennoch zogen sie sich daraufhin zurück, was die Geschichtsschreibung als die Rettung Europas bezeichnet.

Machtkämpfe zwischen den sich bildenden Dynastien waren auch im Innern des Reiches an der Tagesordnung. Auch auf dem Gebiet des heutigen Rheinhessen kam es während der sogenannten „Kaiserlosen Zeit" zu ständigen Fehden. Als eine Landplage galten die in Alzey sitzenden Ritter, gegen die man 1260 zu Felde zog. Aber auch Ingelheim, Weisenau und Pfeddersheim wurden in dieser Epoche in Schutt und Asche gelegt. Mit dem Bau von Wehrkirchen, Burgen und Stadtmauern, heute noch

Erinnerungen an diese Zeiten, versuchten sich die Menschen damals zu schützen. Für die immer wieder zu hörenden Äußerungen, dass zwischen diesen Wehren von Ort zu Ort oder von Burg zu Burg mögliche unterirdische Verbindungen und Fluchtwege bestanden hätten, gibt es keine Beweise. Unterirdische Verbindungen bestanden allerdings entlang der Stadtmauern und innerhalb der Städte, wie das Labyrinth zu Oppenheim zeigt.

Ständige Unruhen und Existenzkämpfe zwangen die ansässige Bevölkerung zur Spezialisierung. Neben dem Ackerbau und der Viehzucht kam das vor allem dem Handwerk und Handel zugute. Jedenfalls vollzog sich auch im sogenannten „finsteren" Mittelalter der Fortschritt kontinuierlich, und die an sich sesshafte Bevölkerung erlebte manchen Durchzug Wandernder.

Auf Veranlassung der Päpste begann 1096 (Papst Urban II.) unter der Führung des Adels die Zeit der Kreuzzüge (bis 1294) zu den „Heiligen Stätten", insgesamt sieben in rund 200 Jahren. Abenteurerlust, religiöser Fanatismus und wirtschaftliche Interessen waren für viele Teilnehmer die bestimmenden Auslöser. Man schätzt allein die Verluste dieser Kreuzritter in zweihundert Jahren auf mehrere Millionen Tote, ohne die Verluste, die ihre Züge auch anderen Menschen brachten. In der ersten Kriegsstimmung kam es in Westeuropa verbreitet zu Judenverfolgungen, auch in Mainz und Worms.

Wohl die größten Veränderungen brachte das schon in der Karolingerzeit eingeführte Münzrecht, das nach und nach den Tauschhandel abgelöst hatte und Gewerbe und Handwerk aufstreben ließ. Der „Pfennig" geht auf diese Zeit zurück und hatte durch die Jahrhunderte bis 2001 in den deutschen Währungen seinen Platz. Für den Handel brachte das Geldwesen den absoluten Durchbruch und von den italienischen Kaufleuten wurden Begriffe übernommen, die heute noch fester Bestandteil der Sprache sind: Bilanz, Debitor, Kontokorrent, Giro, Kreditor, Skonto und so weiter. Handel, wenn man so will, in „internationalem" Sinn gab es schon in der Antike. Durch die Jahrhunderte war er aber Wirtschaftsmacht geworden und hatte anstelle des Naturalhandels die Geldwirtschaft quasi erzwungen.

Die Veränderungen, die ab dem 11. Jahrhundert zu erkennen sind, vollzogen sich rasant. Kaufleute hatten im Ostseeraum Handelszentren gegründet und sich in der Hanse zusammengeschlossen. Diese fand aber beim Kaiser und der Mehrheit der Regierenden keine politische Unterstützung. Die Umschlagplätze der Hanse, meist auch Städtegründungen, lagen oft außerhalb des Reiches in fremden Siedlungsgebieten. Dennoch zog es viele Deutsche damals zu diesen Handelsplätzen. Mit der Besiedelung des Ostraumes durch den Deutschen Orden – um 1230 beginnend – setzte sich diese Entwicklung fort. Der Orden hatte auch bei der Besiedlung von Siebenbürgen durch Deutsche (um Hermannstadt) großen Einfluss.

Verändert hatten sich auch die Herrschaftsstrukturen. Aus Männern, die einmal „führten", waren regierende Herrscher im Adelsstand geworden, aber Erbfolgen und örtlich begrenzte Waffengänge auch auf rheinhessischem Gebiet veränderten deren Herrschaftsbereiche oft. Die alten Einteilungen der Frankenzeit in Nahe- und Wormsgau waren längst Geschichte geworden. Was damit nur andeutungsweise angesprochen wird, finden speziell Interessierte aber in vielen Ortsgeschichten und Chroniken der Städte in umfangreicherer Literatur beschrieben. Hier sollen nur die Gemeinsamkeiten der Region auf dem Weg in das gemeinsame Rheinhessen aufgezeigt werden.

„Steinerne Zeugen" sind ideale Hilfen, um die Sicht für ihre Zeit zu stärken. Neben Burgen, Kirchen und Klöstern gehören auch Mühlen zu ihnen. Ein Beispiel dafür ist die *Geistermühle* in Flonheim-Uffhofen. Wer sie irgendwann einmal erbaute, ist unbekannt. Vielleicht gehörte sie in früherer Zeit einmal zu einem Kloster. Ihr heutiger Name lässt viele Deutungen zu. Urkundlich wurde der „Molen... am Gistege" am 25. Juni 1355 das Wasserrecht verliehen, ehe ihr Name für 377 Jahre „verschollen" bleibt. 1732 ging sie in den Erbbestand der Mennonitenfamilie Gallé über, die 1849 die Mühle verkaufte. Die Familie Zimlich, Vorfahren der heutigen Eigentümer Müller, erwarb den Besitz 1895. Besonders deutlich spiegelt die Verwendung der Mühle den „Wandel der Zeit" wider. Ursprünglich der Mehlerzeugung dienend, war sie auch als Stärkefabrik und Knochenstampfe in Betrieb. Bis zu ihrer Aufgabe als Mühle 1985 diente sie als Haferquetsche

und als Futterschroterei. Heute, am Anfang des dritten Jahrtausends, wird die Wasserkraft des Wiesbachs zur Stromerzeugung im kleinen Verbundsystem genutzt. Die Mühle erzählt damit mehr als 600 Jahre Geschichte.
In einem Zinsregister der Wildgrafen wird 1359 auch die ***Dohlmühle*** zu Flonheim erstmals genannt. Sie liegt, nur zwei Kilometer weiter, ebenfalls im Wiesbachtal und ist heute ein bekanntes Weingut mit Weingewölbe. Aber zurück in die Frühzeit dieser Mühlen.

Hätte es zu damaliger Zeit schon Fernsehen, Radio und Zeitungen gegeben, wären die Menschen vielleicht weniger fügsam gewesen. Sie hätten dann auch das erfahren, was sich fern ihrer Heimat ereignete:

1100 „Chinese erfindet den Kompass"

1190 „Kaiser Friedrich Barbarossa beim Kreuzzug tödlich verunglückt"

1225 „Der Venezianer Marco Polo zu mehrjähriger Chinareise aufgebrochen"

1400 „Mönch Berthold Schwarz kommt hinter das Schießpulver-Geheimnis"

1410 „Verbände des Deutschen Ordens bei Tannenberg vernichtend geschlagen"

1492 Florenz: „Michelangelo erhält Medici-Berufung"

Medien gab es aber noch keine, und so wurden diese Ereignisse nur mündlich weitergegeben. Und das konnte lange dauern. Schon diese wenigen Hinweise zeigen, wie schwer die damalige Welt, die um 1500 die Erde für eine Scheibe hielt, aus heutiger Sicht zu begreifen ist. Auf der einen Seite suchte man den Fortschritt, war andererseits aber noch tief dem Aberglauben verhaftet, insbesondere dann, wenn sich Dinge nicht erklären ließen, wie Naturkatastrophen.
Machtlos standen damals die Menschen jeder Art von Seuchen gegenüber.

Wohl die schwerste wütete im 14. Jahrhundert, die als „Schwarzer Tod" beschrieben wurde. Gemeint war die Pest, die über die Handelswege von China eingeschleppt worden war. Sie breitete sich dann von Italien, Spanien und Frankreich über Deutschland (1348) in Europa aus. Die Bevölkerung, die schon vorher durch Erdbeben, Heuschreckenplagen und Missernten geschwächt worden war, wurde hinweggerafft. Man schätzt die Zahl der Toten in Europa auf 25 Millionen Menschen. Der damalige Zeitgeist sah diese Seuche auf der einen Seite als ein Strafgericht Gottes, andere gaben die Schuld den Juden, welche die Seuche durch die Vergiftung der Brunnen herbeigeführt hätten, und verfolgten sie deshalb grausam. Astrologische Fehlkonstellationen vermuteten die Regierenden, die auch nicht ganz frei von Aberglauben waren, als Ursache der Seuche. (Ganz frei von Aberglauben ist die Menschheit am Anfang des 21. Jh. aber auch nicht.)

Unvorstellbar war auch die Zeit der Inquisition. Als Reaktion des Papsttums richtete sie sich gegen die sogenannte Irrlehre, die sich aus den Protesten gegen den Klerus formiert hatte. Die Volksfrömmigkeit im Mittelalter empfand die weltliche Einbindung und den Reichtum der Kirchenvertreter immer mehr als Missverhältnis zur eigentlichen Aufgabe der Kirche. Das führte zur Bildung von Sekten, die sich auf den reinen Glauben beriefen. Zu ihnen zählten die Katharer und Waldenser, und später auch die Hugenotten und Mennoniten. Mit Folter und Verbrennung ging die offizielle Kirche gegen sie vor. Ausgangspunkt der Inquisition waren Südfrankreich und Spanien schon vor dem 12. Jahrhundert. Sie sollte sich in Spanien bis zum Beginn des19. Jahrhunderts halten. Verfolgt wurden aber nicht nur „Ketzer", sondern auch Missliebige und vor allem Frauen, die im Wahn dieser Zeit als Hexen beschuldigt wurden. Die Auswirkungen zeigten sich auch in Deutschland, denn in weiten Teilen Europas loderten Jahrhunderte lang die Scheiterhaufen als Urteilsfolgen, deren juristische Grundlagen von Gelehrten erdacht und erarbeitet worden waren. 1563 wurde in Gau-Odernheim eine Frau als Hexe zum Feuertod verurteilt; zehn Todesurteile wurden 1588/89 in Gabsheim verhängt. In den Bodenheimer Hexenprozessen (26 Opfer) kam es zum Eingreifen pfälzischer Truppen. Von Alzey kommend brachen sie 1614 und 1615 bei Nacht zweimal das Gefängnis auf und befreiten Pfälzer Leibeigene.

Gegen Folter, Hexenwahn und die Grausamkeit der Juristen erhoben um 1600 etliche evangelische Pfarrer in Rheinhessen öffentlichen Protest (u.a. Anton Praetorius, Pfarrer zu Dittelsheim).

Wie war solches möglich? Neben vielen kleinen Territorien hatte sich Chur-Mainz und die Churpfalz zwischen Rhein und Donnersberg entwickeln können. Den größten territorialen Anteil hatte die Churpfalz, die sich der Reformation geöffnet und zwischen 1556 und 1576 das evangelische Bekenntnis übernommen hatte. Auf ihrem Gebiet gab es deshalb keine Inquisition. Wesentlich kleiner waren die katholischen Gebiete des starken Chur-Mainz im nördlichen Teil, den der churpfälzische Ingelheimer Grund aber trennte.

Wie nachhaltig diese geschichtliche Vergangenheit in den Menschen verhaftet ist, kann man gelegentlich mit Mainzer Bürgern erleben, die alles, was südwestlich vor ihrer Stadtgrenze liegt, auch heute noch als „Palz" bezeichnen und beim Wein noch immer eher dem Rheingauer zugetan sind. Dagegen ist das Wissen über ehemals Freie Reichsstädte oder ehemalige Territorien wie die des Klosters Eibingen oder die der Grafschaften Falkenstein und Leiningen meist nur auf diese Gebiete selbst beschränkt. Allenfalls bei Reiseführungen werden diese Dinge in Erinnerung gebracht und dann wieder vergessen. Das ist die andere Seite der Geschichte. Dass sich im Mittelalter viele Landesherren das heutige Rheinhessen teilten, konnte nicht zu einheitlichen Lebens- und Rechtsverhältnissen führen. Als Machtfaktor hatten sich auch die Päpste durchgesetzt und den Lauf der Geschichte wesentlich mitbestimmt. Nach dem Kirchenoberhaupt selbst war aber auch die Macht der Bischöfe, wenn sie als Fürstbischöfe weltliche Gewalt ausübten, durchaus der des regierenden Adelsstandes gleich. Vielfach gehörten sie sogar selbst dem Adel an und hatten ihre Kirchenämter durch Kauf erworben. Diese Entwicklung führte neben vielen anderen, auch der Inquisition, zu den sich mehrenden Forderungen nach Reformen – auch deshalb, weil für die damals leibeigene Bevölkerung in diesem Gebiet von Regent zu Regent völlig unterschiedliche Lebensbedingungen bestanden. Um ein Beispiel zu nennen: Der Landesherr bestimmte die Religion seiner Untertanen. „Cuius regio, eius religio" – wessen das Land, dessen die

Religion. Das kann man noch immer erkennen. Aspisheim war reformiert, Dromersheim katholisch; ebenso war Heßloch katholisch und der Nachbarort Dittelsheim (beide sind heute eine Gemeinde) war reformiert.

Die damaligen Lebensbedingungen konnten zwischen Obrigkeit und einfachem Volk nicht krasser sein, ganz gleichgültig, wer gerade Herrscher war. 1520 ließ der Pfälzer Churfürst Ludwig V. als Erztruchsess des Reiches aus dem Alzeyer Schlosskeller (1466-1468 erbaut) 50.000 Liter Wein zur Kaiserkrönung Karls V. nach Aachen verfrachten. Das waren Zehntweine, die an das Oberamt abzuliefern waren und für den Heidelberger Hof gelagert wurden. 1615 wurden auf Ochsenkarren 20.000 Liter Wein zur vierzehntägigen Hochzeitsfeier Friedrich V., des späteren Winterkönigs, mit Prinzessin Elisabeth Stuart zur Bewirtung von 2.000 Gästen nach Heidelberg gefahren – das waren zehn Liter pro Kopf gerechnet. Wie das auf die arm und primitiv lebenden Untertanen gewirkt haben muss, bedarf keiner Erklärung. Ihnen war vor dem 15. Jh. zum Beispiel der Schrank im Haushalt noch etwas gänzlich Unbekanntes und auch Messer und Gabel waren als Essbesteck noch fremd. (Anmerkung: Die Truchsessen waren mittelalterliche Hofbeamte; das Wort kommt aus dem Althochdeutschen. Der Erztruchsess war nach heutigen Begriffen ein Minister.)

Johannes Gutenberg

Mit dem Eintritt in das 16. Jahrhundert verschärfte sich die Situation. Zwei Ereignisse, nämlich die Erfindung des Buchdruckes um 1440/1450 durch den Mainzer Johannes Gutenberg und die Entdeckung Amerikas durch Christoph Kolumbus am 12. Oktober 1492, sind möglicherweise die „Wegbereiter" für diese Entwicklung gewesen. Der Buchdruck wurde durch seine Möglichkeit der Vervielfältigung ein „Werbe- und Nachrichtenträger", wie man heute sagen würde, während die Entdeckung des neuen Erdteils zu einer anderen Weltsicht führte. Trostlosigkeit machte sich schließlich breit und schlug in Protest um, nachdem die Lehre von Martin Luther immer mehr Anhänger gegen die Kirche in Rom fand. Die Reformation, die nur die Erneuerung der Kirche zum Ziel hatte, ging, wie man heute weiß, weit darüber hinaus. Die von Martin Luther am 31. Oktober 1517 bekannt gemachten 95 Thesen waren der Anstoß zu diesem Protest einer unzufriedenen Bevölkerung. Vereinfacht ausgedrückt: es war viel zusammengekommen.

Martin Luther

Um sich dem Kriegsdienst zu entziehen, hatte sich die ländliche Bevölkerung schon früh in den Schutz der Grundherren begeben. Geistlichkeit und Adel hatten dann ständig die Freiheit der Bauern eingeengt. Diese forderten aber ihre alten Rechte wieder ein und wehrten sich gegen den Frondienst und den unerträglichen Druck der Abgaben. Vor allem das etwa 1500 eingeführte Ungeld (auch Umgeld genannt), mit der heutigen Mehrwertsteuer vergleichbar, erhitzte die Gemüter. Sehr lange regte sich aber auch schon Unmut unter den Theologen gegen den Ablasshandel, was schließlich zum offenen Bruch mit Rom führte. Obwohl beide Protestbewegungen völlig verschiedene Ziele verfolgten, muss man sie zwangsläufig als eine gemeinsame Kraft sehen. Sie wurde auch von vielen Rittern unterstützt, weil deren Berufsstand infolge der militärischen Modernisierung und des sozialen und wirtschaftlichen Umbruchs nach heutigen Begriffen „arbeitslos" geworden und deshalb mit den Verhältnissen unzufrieden war. Dass sie teilweise als

„Raubritter" durch Erpressung und Straßenraub auch in das Chaos jener Zeit mit verstrickt waren, unterstreicht zugleich Umfang und Brisanz der damaligen Lage.

1524 begann im Südwesten des Reiches der Bauernaufstand, der auch auf das rheinhessische Gebiet übergriff und 1525 zum Bauernkrieg führte. Bei Pfeddersheim endete er für die Aufständigen in einer verlustreichen Niederlage. Mit harten Strafen nahmen die Fürsten und Grundherren an den Überlebenden grausame Rache. Die weitreichenden Folgen der Hugenottenkriege in Frankreich (1562-1598) und die des Freiheitskampfes gegen das Blutgericht von Herzog Alba in den Niederlanden (1568) werden noch angesprochen.

Wie jede Epoche war auch diese Zeit ein Entwicklungsprozess mit vielen Auswirkungen: Faustrecht, Fortschrittsuche, Grausamkeiten, Kriege und verheerende Seuchen. In diese Perioden fielen die Lebzeiten u. a. von folgenden Persönlichkeiten:

Hildegard von Bingen (*1089 in Bermersheim von der Höhe; †1179),

Marco Polo (*1254; †1323),

Vasco da Gama (*1469; †1524),

der Mainzer **Johannes Gutenberg** (†1467),

Christoph Kolumbus (†1506),

Götz von Berlichingen (*1480; †1562) und

Martin Luther (*1483; †1546).

Wie ereignisreich und folgenschwer dieses Jahrhundert über Rheinhessen hinaus verlief, macht ein kurzer und keineswegs vollständiger chronologischer Überblick deutlich:

1510 P. Henlein baut in Nürnberg die erste „Sackuhr" (Taschenuhr).

1516 Erlass des Reinheitsgebotes für Bier in Bayern.

1519 Karl V. wird Deutscher Kaiser.

1519 Luthers Lehre breitet sich aus.

1520 Luther verteidigt auf dem Reichstag zu Worms seine Lehre.

1523 In den Niederlanden werden Lutheraner und Täufer durch den Kaiser verfolgt; es kommt zu ersten Ketzerverbrennungen.

1525 entwickeln sich die Aufstände der Bauern zum Bauernkrieg. Luther stützt die Sache der Bauern nicht, weil er durch sie die Reformation gefährdet sieht. Die Bauern, die sich in Rheinhessen erhoben hatten, werden bei Pfeddersheim besiegt und grausam bestraft.

1529 In Alzey werden auf Anordnung des Burggrafen die Mennoniten ihres Glaubens wegen ermordet. Die Männer durch die Enthauptung, die Frauen durch Ertränken.

1529 1. Belagerung Wiens durch die Türken.

1538 Bildung der Katholischen Liga.

1539 Reformation in Sachsen und Brandenburg. Reichskrieg gegen die Türken.

1546/47 Schmalkaldischer Krieg.

1556 Ferdinand I. folgt Karl V. als Kaiser.

1556 Philipp II. folgt Karl V. als König von Spanien.
(Anfang der Gegenreformation. In Holland wird eine spanische Militärherrschaft errichtet.)

1562 Beginn der Hugenottenkriege in Frankreich (bis 1598).
Flucht der Hugenotten.

1568 Beginn des Freiheitskampfes in den Niederlanden gegen Herzog Alba, den spanischen Militärmachthaber. Dieser Kampf dauert bis 1648 und löst viele Flüchtlingswellen aus.

1582 Papst Gregor XIII. führt den gregorianischen Kalender ein.

Die Ereignisse führten schließlich zu dem Dreißigjährigen Krieg in Deutschland.

Zwischen Dreißigjährigem Krieg und Ende der Feudalzeit. Von 1618 - 1648 tobte ein europäischer Krieg auf deutschem Boden. In ihm haben sich alle Spannungen entladen. Er begann als Religionskampf zwischen dem katholischen und evangelischen Lager und endete als Auseinandersetzung vieler Interessen zwischen den Fürsten, Habsburg, Frankreich, Spanien, Schweden und Dänemark. Frankreich nutzte ihn, um die spanisch/habsburgische Vorherrschaft zu brechen. Aller Wohlstand in Deutschland wurde vernichtet. Zehn Millionen Menschen, 60 % der Bevölkerung, waren als Tote zu beklagen. Damit gilt er als der prozentual verlustreichste Krieg in der bisherigen Geschichte.

Die Grausamkeiten dieses Krieges sind kaum vorstellbar. Zwischen Freund und Feind machten die kriegsführenden Truppen keinen Unterschied. Folter, Mord und Verwüstung waren „normal". Oft geübt war folgende Art der Folterung: Man band die Opfer fest, bestrich ihre Fußsohlen mit Salzwasser und ließ daran Ziegen lecken. Besonders gefürchtet waren die Schweden, die ihren Folteropfern bis zur Bewusstlosigkeit gewaltsam Jauche in den Mund gossen und dann noch auf den Opfern herumhüpften. Diese Folter wurde „Schwedischer Trunk" genannt. Mündliche Überlieferungen berichten auch von Kannibalismus der hungernden Bevölkerung und darüber, dass die Menschen alles Getier, selbst Ratten, verzehrt hätten.

Deutschland war am Ende des Dreißigjährigen Krieges der große Verlierer; die Schweiz und die Niederlande wurden vom Reich getrennt, Rügen und Vorpommern waren schwedisch geworden. Frankreich erhielt die Bistümer Metz, Toul und Verdun und im Elsass zehn Reichsstädte. Für die Chur-Pfalz ging die Oberpfalz verloren; sie fiel an Bayern. Besonders schwer verwüstet war Rheinhessen, wo völlig zerstörte Orte zurückgeblieben waren. Viele wurden nicht mehr aufgebaut. Als „Wüstungen" sind diese längst vergessen und finden sich in einigen wenigen Fällen nur noch in Flur- und Gemarkungsnamen wieder. Weinberge und Äcker waren verödet oder durch Wildwuchs verbuscht. Noch schwerer hatte es die Menschen getroffen, wo der Verlust mit 70 - 80 % der Bevölkerung erheblich über dem deutschen Durchschnitt lag. Schuld daran hatte die Art der Kriegsführung, die durch Folter und Plünderungen geprägt war, gleichgültig, ob die durchziehenden

Heere Verbündete oder Feinde waren. „Der Krieg ernährt den Krieg" war die damalige zynische Vorgabe, hinter der sich das wahre Ziel versteckte. Geschont werden sollte einzig und allein die Kasse der Kriegsherren, was schließlich dem Land nur Schutt und Asche gelassen hatte. Es gab auch keine Front zwischen den Kriegführenden, weil die meist kleinen Heere nicht verschlissen werden sollten. Die Folge war oft ein ständiger Wechsel in den Operationsgebieten, ein auf Zermürbung angelegter Krieg.

An den Wunden des Krieges hatte die rheinhessische Region besonders schwer und lange zu tragen. In Deutschland wurde die einst um 1618 einmal bestandene Einwohnerzahl von 20 Millionen Menschen erst um 1800 wieder erreicht.

In dem besonders schwer verwüsteten Rheinhessen wurde etliches nicht mehr aufgebaut. Alle Entwicklungsprozesse, die sich durch die Jahrhunderte vollziehen konnten, hatten dreißig Jahre Krieg zum völligen Erliegen gebracht. Mainz (damals Regierungssitz von Chur-Mainz), Oppenheim, Pfeddersheim, die Freie Reichsstadt Worms und Alzey (Sitz eines churpfälzischen Oberamtes) litten ebenfalls unter den schweren Kriegsfolgen. Ihre Einwohnerzahlen waren nur noch ein Minimum derer vor Kriegsbeginn. Nach mündlicher Überlieferung waren die Schäden in Alzey größer als man heute vermutet. Stark zerstört war auch der Alzeyer Wartbergturm. Für seinen Wiederaufbau 1668 stehen die Namen des Bürgermeisters Philipp Herff und des Baumeisters Jakob Euler. (Letzterer ist ein Vorfahre vieler Curschmann-Nachkommen.) Mit dem Westfälischen Frieden (16.10.1648) wurden auch auf rheinhessischem Gebiet die alten territorialen Rechtsverhältnisse wieder hergestellt. Sie bedeuteten eine Stärkung der Fürsten gegenüber der kaiserlichen Zentralgewalt und außenpolitisch die Schwächung Deutschlands. Bestätigt wurde auch der Augsburger Religionsfriede (1555), der den Bekenntnisstand garantierte. Unter diesen Voraussetzungen begann für die rheinhessische Bevölkerung in ihren jeweiligen Hoheitsgebieten der Neuanfang.

Landgraf Georg II. hatte für Hessen-Darmstadt 1648 alle landflüchtig gewordenen Einwohner zur Rückkehr in die Heimat aufgefordert. Für die

Churpfalz, zu der große Teile Rheinhessens gehörten, erließ der aus dem Exil zurückgekehrte Churfürst Karl Ludwig am 7. Mai 1650 eine Verordnung, die allen, die das Land aufbauten, steuerliche Vorteile gewährte. Er öffnete damit sein Land für die Einwanderung, um die Bevölkerung zu mehren. So kam es zu einer umfangreichen Zuwanderung aus vielen Gebieten Europas, was die Kirchenbücher jener Zeit bezeugen.

Der europäische Wiederaufbau belebte in Rheinhessen auch wieder die alten Postverbindungen. Das war zur damaligen Zeit der Thurn und Taxis Postreitkurs, der schon um 1500 als kaiserliche Post eingerichtet worden war. Die Hauptlinie ging von Innsbruck nach Mechelen und führte durch Rheinhessen. Der Postbetrieb ging nach den Überlieferungen auch während des Dreißigjährigen Krieges, wenn auch mit kriegsbedingten Störungen, weiter. Posthaltereien waren der Stadttore wegen nicht in die Städte, sondern in Dörfer gelegt worden, weil so Pferdewechsel und Weiterreiten schneller ermöglicht werden konnten. Postorte in Rheinhessen waren Heppenheim an der Wiese, Hangen-Weisheim, Flonheim und Wöllstein. Ein Zeugnis aus dieser Zeit ist das in Hangen-Weisheim noch erhaltene Posthaus aus dem Jahre 1558.

„Störungsfrei" verlief der Wiederaufbau nicht. 1664 kam es wegen des von der Pfalz praktizierten Wildfangrechts (Anspruch auf zugewanderte Neubürger außerhalb der Pfalz) zum Krieg mit Chur-Mainz und dem Herzogtum Lothringen, dessen Truppen 1666 die Pest einschleppten. Sie raffte in den Orten mitunter die Hälfte der Einwohner dahin. Wegen der Plünderungen im Raum zwischen Alzey und Oppenheim flüchteten viele auf die rechte Rheinseite. Trotz „Friedens"-Zeiten war das keine friedliche Zeit, denn auch entferntere „Brandherde" spürte man bis in die hiesige Gegend. So auch diesen:

Mit dem Friedensschluss von 1648 hatten die fremden Truppen das Land verlassen, aber längst nicht überall. Im Herzogtum Jülich führte der im Jahre 1609 begonnene Erbfolgestreit zwischen Jülich und Kleve zur Teilung des Landes in Jülich und Berg (Haus Pfalz-Neuburg mit spanischer Besatzung) und Kleve, Mark und Ravenstein (Kurfürstentum Brandenburg mit zeitweise holländischer Besatzung). Dieser Zustand hatte dort mit wechselnden Fremdtruppen bis zum Jahre 1672 (Religionsvergleich) Bestand. Viele Menschen flohen in dieser Zeit ständiger Kriegswirren aus dem Raum Jülich auch auf rheinhessisches Gebiet, obwohl sie hier Leibeigenschaft erwartete. Dennoch gaben sie dieser Lebensweise den Vorzug.

Flüchtlinge kamen auch aus den Gebieten von Elsass und Lothringen, wo die Politik zur friedlichen Eroberung der Rheingrenze (paix conquérante) des französischen Königs Ludwig XIV. Dorf um Dorf an Frankreich brachte. Die Annexion Straßburgs war 1681 noch nicht das Ende dieser Politik, Ruhe brachte die Annexion der Bevölkerung aber auch nicht.

In Frankreich hatte das von Heinrich IV. am 13.4.1558 erlassene Edikt von Nantes den Hugenotten Glaubensfreiheit und Rechtssicherheit garantiert. Ludwig XIV. hielt sich immer weniger daran und hob es schließlich am 23.10.1685 auf. Trotz Absperrung der Landesgrenzen flohen die Hugenotten in Massen in die Schweiz, nach Deutschland und England. Viele dieser Réfugiés (Schätzungen gehen bis zu 500.000) fanden auch in Rheinhessen Asyl und waren als Handwerker und Winzer hier für den Wiederaufbau willkommen. Es war eine weitere Flüchtlingswelle in einem halben Jahrhundert und als finanzielles Opfer hatte die Bevölkerung wegen der Belagerung Wiens durch die Türken seit 1683 noch die Türkensteuer zu zahlen.

Dann brachte der Pfälzische Erbfolgekrieg (1688-1697) wieder Not und Tod über rheinhessisches Gebiet. Französische Truppen (80.000 Mann) unter General Mélac verwüsteten planmäßig weite Teile des Landes. Die Heidelberger Schlossruine und viele Burgenreste im Land am Rhein sind dafür sichtbare Zeugnisse. Betroffen war aber auch Worms, das als Freie Reichsstadt nicht auf pfälzischem Hoheitsgebiet lag, ebenso wie Chur-Mainz mit seinen linksrheinischen Gebieten. In und um Gau-Odernheim lagerte General Duras mit 64 Kompanien. Sie nahmen sich, was sie brauchten, zerstörten und brandschatzten. Am Beispiel der churpfälzischen Oberamtsstadt Alzey lässt sich gut das Ausmaß dieser Verwüstungen in

Rheinhessen darstellen. Alzey hatte damals etwa 3.000 Einwohner. Viele, die noch Verwandte am Niederrhein und in Holland hatten, flüchteten oder brachten ihre Kinder dorthin. Opfer der Verwüstung wurde auch das Alzeyer Schloss. Die Stadt, die im Dreißigjährigen Krieg sechsmalige Besatzung erlebt und mehr Schaden genommen hatte, als es der um 1650 veröffentlichte Merianstich vermuten lässt, wurde 1689 aber weitgehend niedergebrannt. Man spricht heute von etwa vierzig noch verbliebenen Häusern. Nach mündlicher Überlieferung sollen es aber weit weniger gewesen sein. Der Wiederaufbau der Stadt Alzey begann erst um 1710. Das Schloss konnte erst in den Jahren 1900 - 1903 wieder aufgebaut werden.

Friedliche Zeiten blieben auch nach diesem französischen Verwüstungs krieg aus. Wohl hatten der Spanische Erbfolgekrieg (1701 - 1714), der Polnische Erbfolgekrieg (1733 - 1738), der Österreichische Erbfolgekrieg (1741 - 1748) und der Siebenjährige Krieg (1756 - 1763) andere Schauplätze, aber die Bevölkerung musste dennoch darunter leiden. Ständig durchziehende Truppen (englische, russische und französische) verlangten Kontributionen, Verpflegung und Einquartierung. Im Raum zwischen Ingelheim, Gau-Algesheim, Finthen und Essenheim waren das 1735 etwa 15.000 Mann französische Kavallerie, die mit ihren Pferden „fouragiert" (verpflegt) werden mussten. Rheinhessens Bevölkerung musste aber auch der eigenen Obrigkeit neben Frondiensten und Zehntabgaben für deren Prunkbauten und Jagdvergnügen noch zusätzlich hohen Tribut leisten. Sie wehrte sich dagegen ohne Erfolg. Wie schon immer, so gab es auch damals eine Zweiklassengesellschaft: Eine kleine Schicht, die es sich gut gehen ließ, und die Masse, die sich alleingelassen fühlte.

Irgend etwas lag in der Luft.

Die französische Revolution und ihre Folgen. Im Westen Europas begann der Untergang einer mittelalterlichen Ordnung, die teilweise in einer kaum noch vorstellbaren Kleinstaaterei erstarrt war. Das heutige Rheinhessen gliederte sich damals in viele territoriale Gebiete, wie die folgende Darstellung zeigt. Oft waren diese sogar im Besitz mehrerer Regenten. In der Übersicht sind diese Orte aber nur einem Bereich zugeordnet. Unterschiedlich waren auch die konfessionellen Bekenntnisse. Churmainz und die Domkapitel waren katholisch, die Churpfalz reformiert, Leiningen, Nassau und Falkenstein lutherisch.

Churpfalz:

Alzey, Albig, Alsheim, Appenheim, Armsheim, Aspisheim, Bechenheim, Bermersheim bei Worms, Biebelnheim, Blödesheim (heute Hochborn), Bosenheim, Bubenheim, Dalsheim, Dautenheim, Dexheim, Dienheim, Dintesheim, Dittelsheim, Dorn-Dürkheim, Eich, Eimsheim, Elsheim, Engelstadt, Ensheim, Enzheim, Eppelsheim, Erbes-Büdesheim, Esselborn, Essenheim, Flomborn, Frei-Laubersheim, Freimersheim, Frei-Weinheim, Frettenheim, Gau-Heppenheim, Gau-Odernheim, Gau-Weinheim, Gensingen, Gimbsheim, Grolsheim, Groß-Winternheim, Gundersheim, Gundheim, Hackenheim, Hamm, Hangen-Wahlheim, Hangen-Weisheim, Heimersheim, Heppenheim a.d.W., Hochheim, Horrweiler, Ibersheim, Kettenheim, Kriegsheim, Leiselheim, Lonsheim, Mölsheim, Mörstadt, Monzernheim, Nieder-Flörsheim, Nieder-Hilbersheim, Nieder-Ingelheim, Nierstein, Ober-Flörsheim, Ober-Hilbersheim, Ober-Ingelheim, Offenheim, Offstein, Oppenheim, Osthofen, Pfaffen-Schwabenheim, Pfeddersheim, Pfiffligheim, Rhein-Dürkheim, Schimsheim, Schwabenheim, Schwabsburg, Selzen, Spiesheim, Sponsheim, Sporkenheim, Stadecken, Undenheim, Wackernheim, Wahlheim, Weinheim, Weinolsheim, Welgesheim, Westhofen, Wintersheim, Wolfsheim, Wonsheim, Zotzenheim.

Baden-Durlach:

Sprendlingen, St.-Johann.

Baron v. Köth:
Sörgenloch, Udenheim.

Wild- und Rheingrafschaft:
Bornheim, Flonheim, Uffhofen, Wendelsheim.

Freiherr v. Greiffenklau:
Gundheim.

Freiherr v. Ingelheim:
Gaulsheim.

Fürst v. Löwenstein-Wertheim:
Gau-Köngernheim.

Fürst v. Salm:
Stein-Bockenheim.

Graf v. Grumbach:
Ober-Saulheim, Rommersheim (früher Eichloch), Wörrstadt.

Graf v. Schönborn:
Badenheim.

Graf v. Wartenberg:
Mettenheim.

Grafschaft Leiningen:
Bechtheim, Dolgesheim, Guntersblum, Monsheim, Wachenheim, (Wald-) Ülversheim, Wallertheim.

Reichsstadt Worms:
Worms.

Bistum Worms:
Horchheim, Neuhausen, Weinsheim, Wiesoppenheim.

Kloster Maria-Dalheim:
Bretzenheim.

Nassau-Weilburg und Nassau-Saarbrücken:
Jugenheim, Tiefenthal.

Grafschaft Falkenstein:
Biebelsheim, Dalheim, Eckelsheim, Framersheim, Harxheim, Hillesheim, Hohen-Sülzen, Ippesheim.

Junker von Löwenstein zu Randeck:
Planig.

Junker Faust zu Stromberg:
Vendersheim.

Junker von Sickingen:
Köngernheim a. d. Selz.

Junker von Dienheim:
Dalheimer-Hof, Friesenheim, Hahnheim, Rudelsheim (später: Ludwigshöhe).

Freiherr v. Kerpen:
Fürfeld.

Freiherr Vogt v. Hunoldstein:
Nack, Nieder-Wiesen.

Familie v. Hettersdorf:
Lörzweiler.

Kämmerer von Worms, genannt von Dalberg:
Abenheim, Gabsheim, Herrnsheim, Heßloch.

Freiherr v. Wallbronn:
Partenheim.

Herren von Hohenfels und Reipoltskirchen:
Marienborn.

Kloster Eibingen:
Bermersheim v.d.H.

Ganerbschaft Bechtolsheim:
Bechtolsheim.

Ganerbschaft Mommenheim:
Mommenheim.

Ganerbschaft Nieder-Saulheim:
Nieder-Saulheim.

Ganerbschaft Schornsheim:
Schornsheim.

Churfürstentum bzw. Domkapitel Mainz:
Mainz, Bingen, Bodenheim, Büdesheim, Budenheim, Dietersheim, Drais, Dromersheim, Ebersheim, Finthen, Gau-Algesheim, Gau-Bickelheim, Gau-Bischofsheim, Gonsenheim, Gumbsheim, Gustavsburg, Hechtsheim, Heidesheim, Kastel, Kempten, Klein-Winternheim, Kostheim, Laubenheim, Marienborn, Mombach, Nackenheim, Neu-Bamberg, Nieder-Olm, Ober-Olm, Ockenheim, Pleitersheim, Siefersheim, Sulzheim, Weisenau, Volxheim, Wöllstein, Zahlbach, Zornheim.

Der dann folgende Ablauf der Ereignisse sollte diesen territorialen Status grundlegend verändern.

Am 14. Juli 1789 hatte in Paris mit dem Sturm auf die Bastille die französische Revolution, die zum Sturz der Monarchie führte, begonnen. „Égalité, Liberté, Fraternité", die Schlagworte der Revolution, hallten durch Europa. Die Parolen stützten sich auf die großen Philosophen ihrer Zeit, die Aufklärer, die behaupteten, dass jeder Mensch frei geboren sei und damit angeborene Rechte hätte, die ihm niemand, auch kein Kaiser oder Grundherr, nehmen könne. Das fand auch in Rheinhessen Gehör. Mit großem Interesse wurden deshalb die Ereignisse in Frankreich hier verfolgt. Die Lage in Rheinhessen begann zu eskalieren, als die hiesigen Obrigkeiten den Forderungen ihrer Untertanen nach gleichen Rechten nicht nachkamen und diese schließlich den Gehorsam verweigerten (Alzey, Mainz und Worms waren Schwerpunkte solchen Geschehens).

Das Blatt wendete sich am 20. April 1792 mit der Kriegserklärung Frankreichs an das Deutsche Reich und der Besetzung von Teilen Rheinhessens zugunsten der aufbegehrenden Bevölkerung. Die Churpfalz hatte sich als neutral erklärt, was die „Einquartierungen" aber nicht verhinderte. Nach der fast kampflosen Einnahme von Mainz am 21. Oktober 1792 verkündeten die im Land gepflanzten Freiheitsbäume die neue Zeit, die als „Die Mainzer Republik" in die Geschichte eingehen sollte. Preußisch-österreichische Truppen (etwa 45.000 Mann) schlugen zurück und erzwangen am 23. Juli 1793 die Kapitulation der Mainzer (inzwischen französischen) Garnison mit rund 30.000 Soldaten. Das war zugleich das Ende der Mainzer Republik. Für die preußisch-österreichische Allianz war das nur ein Zwischenerfolg, denn die politische Großlage änderte sich zugunsten Frankreichs mit dem Frieden von Campo Formio im Oktober 1797. In diesem Vertrag musste Österreich in die Überlassung der linken Rheinseite an Frankreich einwilligen.

Nun kamen die französischen Truppen zurück in ein zum eigenen Land gewordenes Gebiet, das in den etwaigen Grenzen des heutigen Rheinhessen-Pfalz am 23. Januar 1798 (durch den Vertrag von Lunéville

1801 bestätigt) den Namen Département du Mont Tonnerre (Departement Donnersberg) mit Mainz (Mayence) als Präfekturstadt erhielt, und in die vier Bezirke: Mainz, Kaiserslautern, Speyer und Zweibrücken neu gegliedert wurde.

Skizze des späteren Rheinhessen im Departement Donnersberg mit Mainz als Bezirksstadt 1800/1816

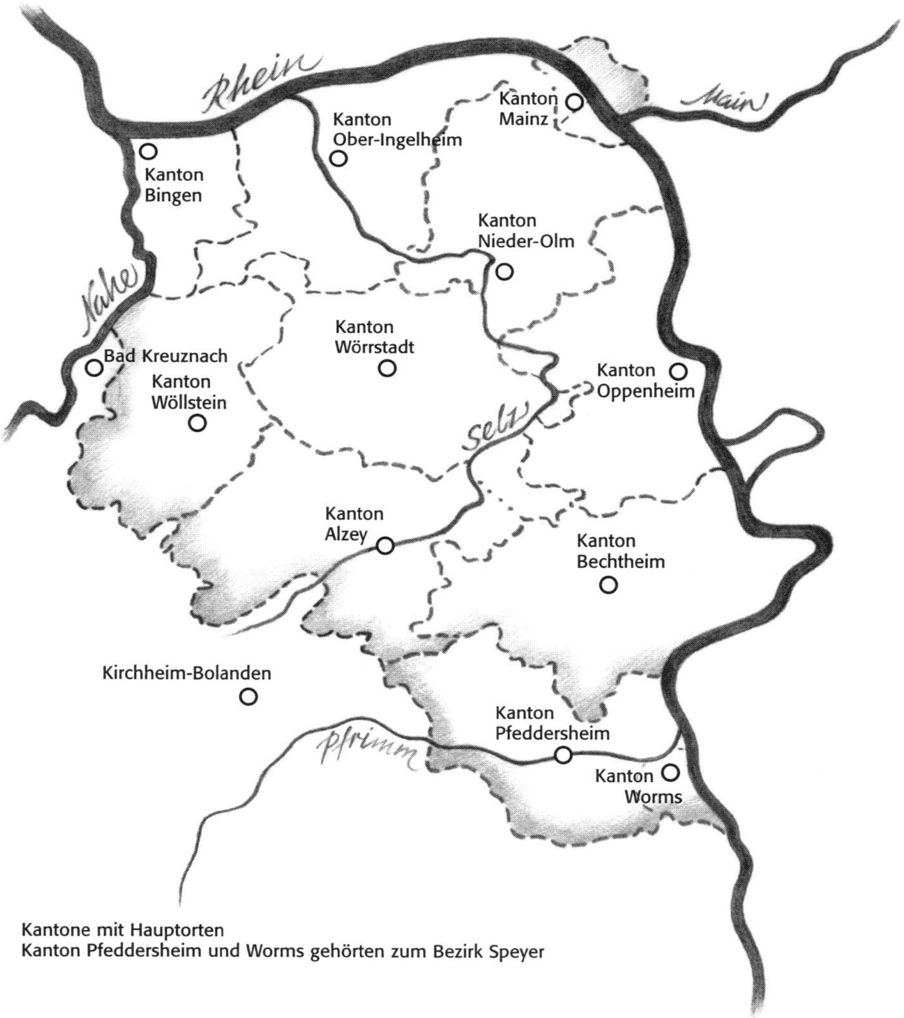

Kantone mit Hauptorten
Kanton Pfeddersheim und Worms gehörten zum Bezirk Speyer

Damit war es in dieser Region mit der Kleinstaaterei und den Relikten des Mittelalters wie Leibeigenschaft, Frondiensten usw. vorbei. (Baden hatte schon 1783 die Leibeigenschaft aufgehoben.) In Rheinhessen verloren damit aber auch viele Städte an Bedeutung. Mit dem Verlust des größten Oberamtes war Alzey zu einer Stadt in der Provinz abgestiegen.

Zum Bezirk Mainz gehörten die Kantone Alzey, Bechtheim, Bingen, Mainz (mit Kastel, Kostheim und Zahlbach), Nieder-Olm, Ober-Ingelheim, Oppenheim, Wöllstein und Wörrstadt. Die Kantone Pfeddersheim und Worms gehörten zum Bezirk Speyer.

Die Zeit hat ein Wendelsheimer Pfarrersohn, der Magister Friedrich Christian Laukhard (1758 -1822), in seinen zeitgenössischen Werken aus der Sicht der Bürger treffend beschrieben („Lebensgeschichte" und „Leben und Thaten des Rheingrafen Carl Magnus"). Dazu Dr. Richard Wilhelm: „Lauckhardt(*) hatte den Blick für das anonyme Leben seiner Zeit, für die Gewohnheiten der vielen, die wieder vergessen werden. Er suchte die Daseinsformen, wie sie in den untersten Schlupfwinkeln gedeihen, auf und registrierte sie." (Heimat-Jahrbuch 1961 Alzey, S. 70). Auch der Badenheimer Bauerndichter Isaak Maus (1748 -1833) lässt in seinen Gedichten und Schriften in vielfältiger Weise den Geist dieser Ära spüren. Er galt „als führender Kopf der Wöllsteiner Klubistenszene", der nach Volker Gallé als „Bauerndichter [...] in seinen Gedichten der damals modischen Bukolik den Realismus des Landwirts und das Freiheitsbedürfnis des revoltierenden Bürgertums einhauchte." (Rheinhessen Kultur und Geschichte, S. 289). (* zitiert wie geschrieben.)

Christian Laukhard

D**as Departement Donnersberg.** In Paris hatte Napoleon durch einen Staatsstreich am 9. November 1798 die Alleinherrschaft als erster Konsul erlangt.

Damit war die Revolution beendet und die Tage der Republik waren gezählt. Sie ging am 18. Mai 1804 mit der Krönung Napoleons zum Kaiser der Franzosen zu Ende. In weite Ferne gerückt war damit aber auch die Demokratisierung der Verwaltung, denn Napoleon setzte auf eine zentralistische Verwaltung, auch in den neuen Departements.

Die Enttäuschung unter den Jakobinern (Partei z. Zt. der französischen Revolution: Republikanische Ziele) und allen, die für demokratische Verhältnisse eingetreten waren, muss groß gewesen sein, besonders in den bisher deutschen Gebieten, wo ihre Anhänger doch in Frankreich am schnellsten die Verwirklichung ihrer Hoffnungen gesehen hatten. Nur so erklären sich die „Adressen" vieler Bürger der Region vom Frühjahr 1798 nach Paris, die für das französische Vorgehen gestanden und einen Anschluss an Frankreich gefordert hatten. Müßig zu spekulieren, ob es durch diese Reformwilligen nach der durch den Staatsstreich veränderten politischen Lage noch einmal zu solchen zustimmenden Bekundungen gekommen wäre. Denn nicht sie, die für freiheitliche Rechte gekämpft hatten, sondern eine neue Schicht bürgerlicher Eliten sollten die Nutznießer der neuen Entwicklung werden.

Dennoch sieht man diese damaligen Veränderungen heute auch positiv, denn sie brachten den linksrheinischen deutschen Gebieten einen Reformvorsprung von siebzig Jahren gegenüber den anderen Regionen des späteren Reiches. Das waren in erster Linie überschaubare Verwaltungen, die Einführung der Geschworenengerichte und Standesamtsregister (bis 1814/15 in französischer Sprache) sowie die fünf Gesetzbücher, von denen der Code Civil die größte Popularität erlangen sollte. Der Bau von Straßen wurde forciert. Am bekanntesten davon ist die Kaiserstraße von Mainz über Alzey – Saarbrücken – Metz nach Paris, die 1805-1811 erbaut worden ist. Weniger beliebt – wen wundert es – waren die Steuergesetze, von denen das der Tür- und Fenstersteuer den größten Unmut bereitete, weil alle Fenster und Türen zur Straßenseite der Besteuerung unterlagen. Durch bauliche Veränderungen an den Häusern (Fenster zur Hofseite) wurde das Gesetz aber häufig legal unterlaufen.

Die Einführung der Standesamtsregister brachte eine totale Neuerung: Anstelle der bisher kirchlichen Trauung wurde die zivilrechtliche Eheschließung obligatorisch. Neu war auch, dass die Urkunden die wesentlichen persönlichen Daten, auch die der Eltern, enthalten mussten. Das versetzt Interessierte heute in die Lage, aus dieser Zeit dieses oder jenes über ihre Ahnen zu erfahren. So ist mancher Urkunde zu entnehmen, dass Frauen oft „des Schreibens unkundig" waren. Man ließ sie nicht zur Schule gehen, weil man damals sagte „Mädchen heiraten", und hielt sie an Herd und Haus gebunden. Auch über die Berufe geben die Register Auskunft. Dafür fehlen allerdings andere Angaben wie Beisass, Schöffe, Kirchenvorsteher oder Gerichtsverwandter, die aus den Kirchenregistern zu ersehen und als Forschungshilfen gleich wichtig sind, denn die Pfarrer machten gelegentlich auch noch andere Zusätze. So entdeckte ein Forscher im Kirchenregister um 1730, dass sein Ur-Vorfahre, ein Metzgermeister, nach einer Hausschlachtung auf dem Nachhauseweg erfroren war, „weil er zuviel Brandwein getrunken" hatte. Andere Todesursachen bleiben aber oft unklar, wie Beispiele zeigen: Gestorben an Auszehrung, an Brustschmerzen, an der roten Ruhr, gestorben an Leibschmerzen und Ähnliches. Die Register erzählen zwischen den Zeilen aber auch Anderes: einmal eine große Kindersterblichkeit und demzufolge eine hohe Geburtenrate. Zehn Kinder und mehr in einer Familie waren keine Seltenheit. Da es keine sozialen Absicherungen gab, waren Verwitwete gezwungen, sich baldigst wieder zu versorgen, das heißt Zweit- und Drittehen einzugehen.

Gleiche Bürgerrechte brachte das neue französische Recht auch den jüdischen Einwohnern.

Wie immer bei Umwälzungen sind die Urteile aus der Sicht der Gewinner und Verlierer konträr. Während die Landwirtschaft einerseits von der Bodenreform und der Förderung des Weinbaus profitierte, wirkte sich der anhaltende Kriegszustand doch nachteilig aus, zumal der personelle

Bedarf für das Militär größtenteils hier rekrutiert wurde. Die Verweigerer schätzt man auf etwa zehn Prozent der Konskribierten (bedingt Wehrpflichtige), von denen sich viele durch Flucht auf die andere Rheinseite der Wehrpflicht zu entziehen suchten. Andererseits gestattete es das System der Einberufung auch, legal um den militärischen Dienst zu kommen. Man musste dafür einen wehrfähigen Ersatzmann (Einsteher) bringen. Das war aber eine Frage des Geldes, denn wie sonst war ein solcher Mann schon zu haben? Über die Zahl der rheinhessischen Toten in den Kriegen Napoleons ist nichts bekannt. Widersprüchlich erscheint nach allem aber, dass die heimgekehrten Veteranen dieser Feldzüge ein Leben lang ihrem „Kaiser" ergeben waren. Zwanzig Jahre nach dem Ende der französischen Herrschaft gab es in Rheinhessen noch sehr viele Veteranenvereine, die sich noch gerne dieser vergangenen Zeit erinnerten. Möglicherweise hat der aufgekommene Nationalismus in der zweiten Hälfte des 19. Jahrhundert

Napoleon Bonaparte

damit gebrochen und die Denkweise darüber in eine andere Richtung gelenkt. Jedenfalls war etwa hundert Jahre später, also nach 1918, jeder, der sich als Separatist für eine Lösung im Sinne Frankreichs äußerte, ein Verräter. Aber zurück in die napoleonische Zeit.

Schwierigkeiten gab es mit der Einführung der französischen Sprache, was sich aus der Eigenwilligkeit der Rheinhessen erklärt. Französisches Leben, wie es die Revolution gebracht hatte, gefiel ihnen schon; nur so französisch, dass sie es sprechen mussten, wollten sie dann auch wieder nicht sein.

Wie jeder Krieg, so blieben auch die Kriege Napoleons für alle Lebensbereiche nicht folgenlos. Unter dem Handelsverbot, das eigentlich England treffen sollte, kam auch die eigene Wirtschaft in Schwierigkeiten, die sich durch die Zölle auf alle Waren für Ein- und Ausfuhr, die über das rechte Rheinufer ausgetauscht wurden, noch vergrößerten. Das brachte den Schmugglern jener Waren gute Gewinne, während der legale Handelsweg ein Hemmnis blieb. Mit zunehmender Dauer der Feldzüge machte sich natürlich auch Mangel bemerkbar. Der Russlandfeldzug von1812 brachte auf spürbare Weise weitere und vor allem verheerende Kriegsauswirkungen nach Rheinhessen. Die sieggewohnten Truppen der Grande Nation, darunter auch Soldaten aus Rheinhessen, waren in Russland gescheitert und an der Beresina vernichtend geschlagen worden. Sie strömten in einem chaotischen Rückzug nach Westen. Die Heimat war darauf nicht vorbereitet; vor allem die Unterbringung Kranker und Verwundeter überforderte doch die ein oder andere Stadt. Hinzu kam aber noch, dass viele Soldaten eine Seuche einschleppten und so die Zivilbevölkerung infizierten. Es war Flecktyphus, aber man nannte die Krankheit damals „Nervenfieber“. So ist es auch auf einem Grabstein des Alzeyer Friedhofs, der als kleines Denkmal

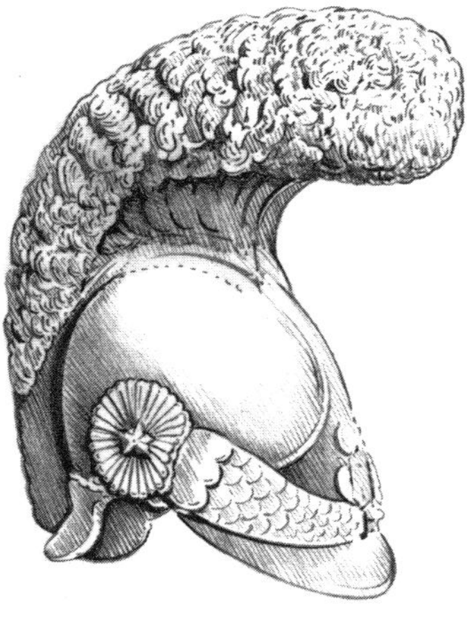

Französischer Helm

Carl Zuckmayer

an diese schlimme Zeit erinnert, zu lesen. Um die Massen an Verstorbenen zu bestatten, mussten sie in Massengräbern beerdigt werden. In Alzey verstarben täglich bis zu zehn Menschen. Das Ende der napoleonischen Zeit deutete sich an.

Schlimme Ereignisse dieser Ära hat die Zeit verdrängt, aber manches ist doch geblieben. So kam in die rheinhessische Küche das Hühnerfrikassee, „Hinkelsbrieh" genannt, und auch die Gemüsesuppe – „Quer dorch de Gade" oder „Franzosesupp" – ist als Erbe dieser Ära heimisch geworden. Auch die heutigen Feinschmeckerlokale gehen auf diese Zeit zurück. Als nämlich das Küchenpersonal durch die Revolution in Frankreich ihre Arbeit beim entmachteten Adel verloren hatte, suchte es in Gaststätten mit den Gerichten des Adels für ein wohlhabendes Publikum eine neue Erwerbsquelle – ein Geschäftszweig, der sich durchsetzen und bis dato sogar noch wachsen konnte.

Unvollständig bliebe aber das Bild dieser Zeit, wenn der sogenannte Schinderhannes keine Erwähnung finden würde. (Die mehrfach literarisch geschilderte Figur des „Schinderhannes" hat auch Carl Zuckmayer, geborener Nackenheimer, in einem Theaterstück – dichterisch frei – umgesetzt.)

Mit dem Namen „Schinnerhannes", wie er rheinhessisch genannt wird, verbindet sich viel. Richtig hieß der Räuberhauptmann Johann Wilhelm Bückler; er wurde aber Hannes gerufen. Er wurde wahrscheinlich 1783 zu Miehlen geboren und am 22. November 1803 in Mainz öffentlich mit neunzehn seiner Mitangeklagten hingerichtet. Ihre Verurteilung erfolgte durch das Tribunal criminel spécial à Mayence aufgrund eines Sondergesetzes. Es war ein Mammutprozess gegen insgesamt achtundsechzig Angeklagte für etwa fünfzig begangene Straftaten.

Seine „Laufbahn" als Anführer der Bande mag schon darin begründet sein, dass er einer Familie entstammte, die von anderen ihres Berufes wegen, so die mittelalterliche Überlieferung, gemieden worden ist. Hirte, Schäfer, Scharfrichter und Wasenmeister (Abdecker), letztere abfällig „Schinder" genannt, konnten nämlich ihre Ehepartner nur in ihren Kreisen finden. Das war auch bei den Eltern von Hannes der Fall, und so kam es, dass der Neugeborene dann der oder des Schinder-Hannes war.

In diesen unsicheren Zeiten, wo, durch die französische Revolution ausgelöst, ständig militärische Bewegungen landauf, landab die Bevölkerung nicht zur Ruhe kommen ließen, zog die Familie Bückler auf der Suche nach einem Neuanfang durch die Lande. Während der Zeit der Mainzer Republik (1792/93) soll sie auch kurz auf dem Hof Iben bei Fürfeld gewohnt haben. In dieser Zeit des Umbruchs herrschte bittere Armut und Argwohn gegen jedermann; die Behörden hatten weder Übersicht noch Macht. Hannes Bückler kam auf die „schiefe Bahn".

Sein Betätigungsfeld als Dieb und Bandenführer erstreckte sich vom Hunsrück durch das Nahetal bis nach Rheinhessen, das er aber auch als Fluchtweg über Fürfeld, Eckelsheim, Biebelnheim und Rheindürkheim zur anderen Rheinseite nutzte. Pfarrer Friedrich Pabst schreibt (Heimatjahrbuch Alzey 1961, Seite 55), dass er „auf der Siefersheimer Kirchweihe unangetastet, gekleidet wie ein reicher Weinhändler [...] im Saal flott" mitgetanzt habe. Und man erzählte sich lange, wie er einmal den berittenen Gendarmen in einem anderen rheinhessischen Ort entkommen sei. Ob dies auf Wahrheit beruht, ist eine andere Sache, aber ob so oder so, in jedem Fall passt die Erzählung zu ihm. Er, der Schinderhannes, soll in einer rheinhessischen Gaststube gesessen haben,

in die später zwei Gendarmen eintraten. Sie setzten sich, tranken etwas und erzählten dem Wirt, dass sie hinter dem Schinderhannes her seien. Das hatte dieser natürlich auch gehört, und so machte er sich auf, schnitt von einem Gendarmenpferd den Sattel los, während er das zweite Ross für seinen Fluchtritt bereit machte. Dann soll er das Fenster von außen geöffnet und in die Stube gerufen haben: „wanner de Schinnerhannes noch emo sehe wollt, do is er", sprang aufs Pferd und entkam.

Das Verhältnis zu ihm war zwiespältig: Er, der Schinderhannes, wurde bewundert und zugleich gefürchtet. Jedenfalls haben ihn die Menschen im Hunsrück und an der Nahe, sei es aus Hass gegen die Franzosen oder aus Dank für seine Hilfe für arme Leute, nicht verraten. Denn er und die ganze Bande, meist Halbwüchsige, waren arme Kinder jener Zeit, die sich Freiheit, Gleichheit und Brüderlichkeit erhofft hatten und doch in die Wirren dieser Kriegszeiten aussichtslos als Straftäter verstrickt worden sind. Ihre schweren Straftaten würden heute unter das Jugendstrafrecht fallen, eine Anmerkung, die auf die Veränderungen in Auffassung und Beurteilung hinweisen soll. Der Schauprozess in Mainz sollte aber ein Exempel statuieren und endete mit etlichen Todesurteilen, auch gegen den Schinderhannes. Nicht für sich, aber für seine Mittäter hielt er dieses Urteil für überzogen. Auf der Fahrt zur Hinrichtung soll er der wartenden Menge zugerufen haben: „Drängt Eich net, ohne mich geht's net los!"

Zur Legendenbildung um seine Person hat vieles zusammengewirkt. Seine markigen, situationsbezogenen Aussprüche gehören dazu. Auch der Satz: „Es gibt auch Spitzbuben unter uns!" soll von ihm stammen. Treffend ist dieser schon, denn auch in Rheinhessen sind die Gerichtsbücher aus früher Zeit sehr aufschlussreich: Streit zwischen Nachbarn und immer wieder Beleidigungen führten zu Verurteilungen. Auch Tätlichkeiten, Raub und Mord sind aufgelistet, und seit dem Mittelalter wurden immer wieder Gemeindebäcker bestraft, wenn ihre Weck zu klein gebacken waren. Insoweit war der Alltag nicht anders als heute.

So hart und schwer diese Jahre der französischen Zeit in Rheinhessen auch waren, sie haben den Menschen mehr Reformen gebracht als die lange

Zeit davor. Was die geistige Befreiung, die man mit dieser Ära verbindet, aber nicht vollbringen konnte, war die Überwindung der konfessionellen Zerstrittenheit zwischen Katholiken und Protestanten. Sie schwelte seit dem Ende des Dreißigjährigen Krieges in Rheinhessen bis in das 20. Jahrhundert weiter. Zwischen Lutheranern und Reformierten kam es in Rheinhessen 1822 mit der Schaffung der Kirchenunion zu einer Vereinigung.

Rheinhessens schwere „Geburt". Zu dem Elend, das mit den zurückströmenden Soldaten der geschlagenen Armee über die rheinhessische Bevölkerung gekommen war, sollte weiteres hinzukommen. Denn die bei der Völkerschlacht bei Leipzig siegreichen Truppen der Allianz setzten den flüchtenden Franzosen nach. In der Neujahrsnacht 1813/14 überquerte die von Blücher geführte Streitmacht (60.000 Mann) bei Kaub den nicht zugefrorenen Rhein und verfolgte die napoleonischen Truppen bis zum Sieg über den Korsen. Er wurde auf die Insel Elba verbannt; die Bourbonen unter Ludwig XVIII. regierten wieder in Frankreich.

Rheinhessen wurde etwa zeitgleich von Teilen dieser Truppen (Preußen, Bayern, Sachsen, Österreicher und Kosaken) als Feindesland besetzt und auch so behandelt. Einquartierungen, Lebensmittel- und Futterforderungen waren kaum zu erfüllende Auflagen. Für ein russisches Armeekorps wurde in Wörrstadt ein Depot eingerichtet.

Fest stand: die französische Zeit war vorüber. Wie aber alle diese zurückgewonnenen Gebiete unter den Fürsten aufgeteilt werden sollten, darüber stritt man sich auf dem Wiener Kongress. Die Bevölkerung wurde (wie immer) nicht gefragt, und sie befürchtete deshalb Schlimmes. Das war auch begründet, weil die siegreichen Monarchen ihre alte Herrschaft zielstrebig und dauerhaft restaurieren wollten. Während Mainz als Festungsstadt recht begehrt war, blieb das Interesse für das Umland gering. Und so schleppten sich die Verhandlungen in Wien dahin. Die Rückkehr (bis zur Niederlage bei Waterloo 1815) des auf Elba gefangen gehaltenen Napoleon zur vorübergehenden Macht von einhundert Tagen konnte den Lauf der Dinge nicht mehr ändern. Die lange Ungewissheit der Bevölkerung über ihr politisches Schicksal ging schließlich zu Ende. Mit dem 8. Juli 1816 wurden die Stadt Mainz und ihr Gebiet (mit Kastel und Kostheim), der Kreis Alzei ausschließlich des Kantons Kirchheim-Boland (alte Schreibweise) und die Kantone Worms und Pfeddersheim aus dem Kreis Speyer als Provinz Rheinhessen Teil des Großherzogtums Hessen und bei Rhein. Dennoch galt für Mainz eine Ausnahme: Als deutsche Festungsstadt blieb ihr bis 1866 ein Besatz von preußischen und österreichischen Truppen. Von den Mainzern wurden die Österreicher wegen des Zweiges an ihrer Uniform als

„Zwockel" (Zwoagerl = österreichisch, kleiner Zweig) betitelt, was letztendlich zum spöttischen Seitenhieb wurde.

Die politische Entstehung der Provinz Rheinhessen lässt sich mit einer „Zangengeburt" vergleichen. Bis zur Annexion durch Frankreich war dieses Gebiet mit Chur-Mainz, der Churpfalz und einer Vielzahl kleinster Territorien alles andere als eine gewachsene Einheit. Sie wurde erst mit dem Aufbau als französisches Departement Donnersberg eingeleitet und musste sich nun als eine hessische Provinz zusammenfinden. Bei aller Verschiedenheit aus überkommenen Tagen hat sich hier ein Menschenschlag entwickeln können, den man als „europäisch" bezeichnen kann. Keltische, römische und germanische Einflüsse in der rheinhessischen Bevölkerung haben durch die Einwanderungswellen nach dem Dreißigjährigen Krieg und der späteren Zuflucht der Hugenotten, als dieses Land zum „Schmelztiegel" geworden war, zu dieser „Mischung" geführt. Die hessischen Großherzöge bekamen diese rheinhessische Eigenart auf Dauer zu spüren, denn was dem Rheinhessen nicht in den Schädel geht, ist nicht hineinzuzwingen.

Mainzer Stadtsiegel (um 1810)

Die geschichtliche Entwicklung dieser hessischen Zeit für Rheinhessen kann deshalb auf die Feststellung verkürzt werden, dass ein großer Teil der unter französischer Hoheit erlangten Persönlichkeitsrechte mit den geschaffenen Reformen in der Verwaltung nicht mehr rückgängig zu machen war. Der Code Civil war bis zum 1.1.1900 in Rheinhessen geltendes Recht. Diese Sonderstellung hatten sich die Rheinhessen ertrotzt, und sie hatte Fernwirkung für das übrige Hessen insofern, als die Menschen auch dort Reformen einforderten.
Für die Bevölkerung wurden die Nachkriegszeiten zunächst aber schlimmer

als in dem gerade zu Ende gegangenen Krieg. Das führte schon bald wieder zu anhaltenden Auswanderungen. Heinrich Bechtolsheimer hat in seinem Buch „Das Hungerjahr“ Leid und Not von 1816 geschildert. Die politischen Verhältnisse gerieten auch in Hessen zusehends in das Kielwasser der von Metternich reaktionär beeinflussten Linie der deutschen Regenten. Diesen erschien nämlich alles bedenklich, was sich irgendwie neu oder andersgeartet zeigte. Turnvereine waren in ihren Augen „revolutionär“, also gefährlich, und konnten sich kaum entfalten. Teilnehmer am Hambacher Fest (1832) wurden überwacht und auch die unter Zensur stehende Presse konnte nicht frei ihre Meinung äußern. (Zum „Hambacher Fest“ waren etwa 30.000 Bürger gekommen, die ein freies und demokratisches Deutschland forderten.) Man tut den Rheinhessen aber keinesfalls unrecht, wenn man bei ihnen zwischen der Stadt- und der Landbevölkerung Unterschiede erkennt.

Zwar musste die Landbevölkerung sich damals ohne technische Hilfsmittel von früh bis spät plagen, aber sie nahm diese Mühsal immerhin auf eigenem Grund und Boden auf sich. Die Aufhebung der Leibeigenschaft hatte auch politische Auswirkungen. Stand die Landbevölkerung nämlich vor der napoleonischen Landreform eher in Opposition zur Obrigkeit, so war sie nun um den Erhalt ihrer neuen Rechte bemüht. Sie war politisch konservativ geworden oder hatte, wie man heute sagt, von links nach rechts gewechselt. Und solange die „neuen“ Voraussetzungen Bestand hatten, sahen diese Menschen keinen Grund, sich irgendwie politisch zu betätigen. Die Arbeit ließ ihnen dazu auch kaum Zeit. Was auf die Menschen dennoch zukam, war Teil internationaler Bewegungen, denn die während der Befreiungskriege 1813-15 dem Volke gegebenen Versprechen einer freiheitlichen Verfassung waren nicht erfüllt worden. Deutschland war ein reaktionär rückständiges Land geblieben, und so kam es zur 1848er Revolution, die als solche ein besonderer Abschnitt unserer Geschichte geworden ist. Dass diese Revolution auf dem flachen Land in Rheinhessen weniger dramatisch verlief und sich oft nur in der Gründung von Demokratenvereinen äußerte, ist in den vorher geschilderten Verhältnissen zu sehen. In der benachbarten Pfalz, in Kirchheimbolanden, kam es zu Widerstand und Toten, unter denen so von Obrigkeit und Militär bezeichneten und mangelhaft ausgerüsteten

„Freischärlern" auch etliche Rheinhessen waren. Als Folge dieses fehlgeschlagenen Aufstandes setzte wieder eine Fluchtbewegung nach Amerika ein.

Bei der Stadtbevölkerung war vieles anders. Hier zeigten sich schon früh die ersten negativen Auswirkungen der noch jungen Industrialisierung, denn es gab bei Krankheit, Invalidität oder Tod keinerlei soziale Absicherung. Was vorher auf dem Land in der Lebensgemeinschaft der Großfamilie gemildert werden konnte, löste im städtischen Umfeld einen Absturz aus. Die politischen Interessen waren hier also andere. Logisch, dass die reaktionäre Politik hier ihre schärfsten Kritiker fand. In Rheinhessen blieb die 48er Revolution von einigen anderen Schwerpunkten wie Westhofen, Wöllstein und Wörrstadt abgesehen, mehr auf Mainz beschränkt, dessen Bevölkerung sich schon zu Zeiten der Churfürsten und der Franzosen zuweilen recht widerspenstig verhalten hatte. Sympathieträger für die 48er Ideen war auch die Landbevölkerung, deren Teilnahme mehr verbal und von Ort zu Ort auch unterschiedlich war. Bis es zu ersten Reformen in sozialer Hinsicht kam, sollten noch Jahrzehnte ins Land gehen.

Unaufhaltsam ging aber die technische Entwicklung weiter. Die Rheinbegradigung (1818-1872), nach einem Plan des Ingenieurs Tulla, gehörte auch dazu. Die Änderung des Flussverlaufs in Rheinhessen war unabhängig davon schon lange in der Planung und wurde von dem hessischen Rheinbauinspektor Dr. Claus Kröncke schließlich vollendet, nachdem immer wieder Hochwasser auf Lösungen drängte. Bereits 1823 wurde deshalb Rudolsheim aufgegeben und dafür einige Kilometer weiter Ludwigshöhe gegründet, weil der alte Ort durch eine der vielen Überschwemmungen unbewohnbar geworden war. Die Änderung des Rheinverlaufs bei Gimbsheim (31. März 1828 bis 30. April 1829) machte den „Kühkopf" zwar zur Insel, wichtiger waren allerdings die gewonnenen Vorteile. Sie beendeten die großen Überschwemmungen und Eisgänge und reduzierten auch die sumpfbedingten Fieberkrankheiten.

Erfunden wurde 1837 der Morse-Telegraf, und die vor 1800 entwickelte Dampfmaschine kam zur Reife. Sie brachte die Dampfschifffahrt voran und in der zweiten Hälfte des 19. Jh. die Eisenbahn nach Rheinhessen, was weitere Verbesserungen versprach. Der Bau begann um 1860; die Nebenbahnen der „Süddeutschen“ (Sprendlingen – Fürfeld und Ingelheim – Jugenheim/Partenheim) zogen 1888 beziehungsweise 1904 nach. Dafür benötigte man sehr viele Arbeitskräfte, die aber im heimischen Umfeld in der vorgesehenen Anzahl nicht anzuwerben waren. Man holte deshalb italienische Arbeiter, in erster Linie für den Eisenbahnbau, aber auch für andere bauliche Maßnahmen. Damit verzeichnete die rheinhessische Bevölkerung neben den Auswanderungen mit diesen Gastarbeitern wieder eine Zuwanderung. Sehr viele dieser italienischen Familien wurden hier auf Dauer ansässig und voll integriert. Mühsam blieb für die Masse der Bevölkerung der Lebensunterhalt. Einmal war ein Großteil der Bevölkerung geldarm und die Ernährung sehr einseitig. Man wusste noch nichts von Vitaminen und Vitalstoffen. Die Mahlzeiten bestanden im Winter oft nur aus Pellkartoffeln mit Latwerge (Pflaumenmus). Quark oder Leberwurst als Zugabe waren schon Luxus. In sogenannten „reichen Häusern“ sah das Essen anders aus, aber heutigen Erkenntnissen entsprach es auch nicht. Ganz allmählich besserten sich die wirtschaftlichen Verhältnisse für die Menschen.

Relativ ruhiger waren die Zeiten nach 1848 in Rheinhessen schon geworden, insbesondere wenn man die politische „Großwetterlage“ von damals bedenkt: Auf dem Balkan, in Spanien, in Ägypten, Italien, China, Mexiko, Dänemark, Polen und in den USA sprachen die Waffen. Aber der Krieg erreichte 1864 auch Deutschland wieder, als es um Schleswig-Holstein mit Dänemark zu dem preußisch/österreichischen Waffengang kam und mit dem Sieg dieser Allianz endete. 1866 verkehrte sich dieses Bündnis in den Bruderkrieg zwischen Preußen und Österreich. Baden, Bayern, Hannover, Hessen, Kurhessen, Nassau, Sachsen und Württemberg waren als Verbündete an Österreichs Seite und gehörten mit zu den Verlierern. Inzwischen hatten sich auch die Beziehungen zwischen Frankreich und Preußen so verschärft, dass Frankreich am 19. Juli 1870 Preußen den Krieg erklärte. An der Seite Preußens wurde es ein deutscher gemeinsamer Kampf, der am 18. Januar 1871 in Versailles als Ergebnis des Sieges über Frankreich zur Proklamation des Deutschen Reiches führte.

Im Zweiten Deutschen Reich. Die rechtliche Gleichstellung aller Deutschen als Folge der Reichsgründung war für den 1. Januar 1900 geplant. An diesem Tag traten alle Gesetze in Kraft, die auch heute in Deutschland noch weitgehend gültig sind. Den damaligen Verantwortlichen muss man bescheinigen, dass sie diese Gesetzeswerke nicht „mit heißer Nadel" strickten, sondern fast dreißig Jahre daran gearbeitet haben. Bis zu diesem Stichtag galten deshalb in den deutschen Ländern die alten Landesgesetze weiter.

Wenn heute von der „guten alten Zeit" die Rede ist, so ist damit die Zeit zwischen 1871 und 1914 gemeint. Es gab damals keine Arbeitslosen, das Geld hatte enorme Kaufkraft und es war seit mehr als vierzig Jahren Frieden. Dennoch war der Wehrdienst gewöhnungsbedürftig geworden. Er wurde einheitlich für das gesamte Reichsgebiet mit der Verordnung vom 28.09.1875 geregelt. Die Wehrpflicht dauerte bei der Infanterie zwei, bei der Kavallerie drei Jahre. Für „Einjährige", wehrpflichtige Männer mit Abitur oder Mittlerer Reife, dauerte die Dienstzeit als Freiwilliger nur ein Jahr und hatte das Patent als Reserve-Offizier zum Ziel. Dafür mussten sie viele Kosten, wie die für Unterkunft und Verpflegung, die der Uniform und die für das Pferd aus eigener Tasche oder aus der der Eltern zahlen.

War nun diese gute alte Zeit wirklich so gut, wie sie in den trostlosen Jahren anfangs des 20. Jh. in Erinnerung gerufen worden ist? Die Lebensgewohnheiten jedenfalls passten sich nur langsam an. Die Kinder mussten damals ihre Eltern mit „Sie" anreden, und in den meisten Familien boten die Schlafräume keinerlei Komfort. Nicht nur zwei bis drei Kinder schliefen in einem Bett, auch den Eltern stand nicht mehr Raum zur Verfügung. Und anstelle der späteren Kapokmatratzen bestanden die Schlafunterlagen bis ins 20. Jahrhundert aus Strohsäcken. Zutreffend ist aber auch, dass der gegen Frankreich gewonnene Krieg zu einem wirtschaftlichen Aufschwung geführt und eine relative Zufriedenheit gebracht hatte. Waren doch die Erinnerungen an die schweren, zurückliegenden Zeiten in allen Familien noch gegenwärtig. Die soziale Anpassung konnte allerdings mit dem Aufschwung nicht Schritt halten, sie verlief schleppend oder verharrte gänzlich. Preußen hatte 1818 erste Maßnahmen gegen die

Kinderarbeit eingeleitet, aber völlig abgeschafft war sie noch nicht. (Der Grund für die Abschaffung der Kinderarbeit war allerdings, die Ausfälle für den Armeedienst durch Arbeitsgeschädigte gering zu halten.) Für die Arbeiter gab es keine Urlaubsregelung, keine garantierten Tariflöhne, und die tägliche Arbeitszeit betrug zwischen zehn und zwölf Stunden oder sogar mehr. Der Kampf um den Achtstundentag und ein geregeltes Arbeitsrecht nahm Formen an. Vielleicht zeigt der Hering als Lebensmittel den Unterschied zwischen damals und heute: Er wurde aus Fässern als „Salzhering" verkauft und galt als „Arme-Leute-Essen". Bismarck soll sinngemäß gesagt haben, der Hering könnte eine Delikatesse sein, leider sei er Massenware. (Im 21. Jahrhundert ist der Hering selten und teuer geworden – eine Delikatesse eben.)

Um 1860 begannen die Arbeiter sich gewerkschaftsähnlich zu organisieren und fanden sowohl kirchlichen als auch politischen Beistand. Der Mainzer Bischof Ketteler war ein Förderer dieser Bestrebungen. Die politische Hilfe kam vom Allgemeinen Deutschen Arbeiterverein (1863). Reichskanzler Bismarck, der zunächst dieser Entwicklung mit dem Sozialistengesetz entgegensteuerte, erkannte aber dann doch, dass Reformen unumgänglich geworden waren. Mit der Aufhebung dieses Gesetzes und der von ihm dann veranlassten Sozialversicherungsgesetze verbesserten sich die Verhältnisse zugunsten der Lohnempfänger. Für die Arbeiterschaft wurden der Achtstundentag und das Tarifrecht aber erst 1918, nach dem Ende des Ersten Weltkrieges, Realität.

Zwischen 1871 und 1887 war die Einführung der Zivilehe als Angleichung an das auf dem linken Rheinufer seit Napoleon längst geltende Recht mit ein Grund, der zum sogenannten Kulturkampf zwischen der Kurie und dem Deutschen Reich führte. Leider brachte er auch für lange Zeit eine Verschärfung der konfessionellen Spannungen in die Bevölkerung. Andererseits waren aber auch die Angehörigen der beiden christlichen Kirchen längst nicht mehr willens, in allem ihren Oberen zu folgen. So führte 1870 das auf dem Konzil beschlossene Dogma der Unfehlbarkeit des Papstes zur Gründung der Religionsgemeinschaft der Altkatholiken, zu der sich auch rheinhessische Katholiken bekannten. In jenen Jahren lösten sich auch die Freiprotestanten in Rheinhessen aus innerkirchlichen Gründen von der Evangelischen Kirche. Nach 1945 schlossen sie sich den Unitariern an.

Die politische Einigung Deutschlands (1871) hatte in Europa die Spannungen verstärkt, weil das Reich damit zur Großmacht geworden war. Die von Bismarck unter Kaiser Wilhelm I. geführte Außenpolitik konnte darauf noch mäßigend einwirken. Das sollte sich mit dem sogenannten Dreikaiserjahr ändern. Nach dem Tod Kaiser Wilhelm I. (1888) folgte ihm sein erkrankter Sohn Friedrich III. auf den Thron, der nach nur 99 Tagen Regentschaft verstarb. Diesem folgte Wilhelm II., Enkel von Wilhelm I., im gleichen Jahr als Kaiser. Wie jeder Generationswechsel, so brachte auch dieser Veränderungen mit sich. Bismarcks Entlassung als Reichskanzler stand am Anfang seiner als „Wilhelminische Zeit" beschriebenen Regentschaft, die auch in der Außenpolitik andere Ziele setzte. Das ist deshalb erwähnenswert, weil damals auch in Rheinhessen der Reichspolitik das größere Interesse galt; die Länderpolitik war zweitrangig geworden. Eine Ausnahme machte das Militär, das zwar einen gemeinsamen Generalstab hatte, aber Ländersache geblieben war. Die hessischen Garnisonen waren in Darmstadt (Inf. Rgt. 115), Gießen (Rgt. 116), Mainz (Rgt. 117) und Worms (Rgt. 118) stationiert. Normalerweise bedeutete das für die Soldaten aus Rheinhessen, dass sie nur in Hessen „dienten", wie man damals die Ableistung des Wehrdienstes nannte. Ausnahmen waren aber möglich, wie die Meldung zum Dienst bei der kaiserlichen Marine oder zu den Schutztruppen in den deutschen Kolonien. Auch rheinhessische Männer waren damals in Deutsch-Südwest- und Deutsch-Ostafrika ebenso Soldat wie in Kiautschou oder auf dem Bismarck-Archipel.

Nicht nur politisch erlebten die Menschen eine andere Zeit. Kriege auf eigenem Boden, zweihundert Jahre lang für viele Generationen eine ständige Geißel, konnten sich Viele nicht mehr vorstellen. Der Umbruch in eine neue Erlebniswelt vollzog sich rasant. In den Städten wurde die Wasserversorgung, deren Modernisierung schon im 18. Jahrhundert begonnen hatte, etwa seit 1850 auf gusseiserne Leitungen und erste Anschlüsse für die Haushalte zügig umgestellt. Mit dem Leuchtgas kam aber die größte Neuerung: helles Licht, welches das Dämmerlicht der mit Walöl flackernden Leuchten nach und nach verdrängte. Um 1900 hatten die meisten Städte Gaslaternen zur Straßenbeleuchtung installiert. Sie wurden von Laternenmännern abends angezündet und morgens gelöscht. Das notwendige Leuchtgas kam aus den eigenen Werken der Städte. Während das Gas (heute Erdgas) für viele Bereiche weiterhin benötigt wird, war seine Rolle als Lichtspender nur von kurzer Dauer, denn die parallel entdeckte Nutzung der Elektrizität erhielt den Vorzug.

Mainz, Worms, Ingelheim und Osthofen versorgten sich schon 1900 mit Elektrizität. Alzey trat dem Versorgungsverband 1912 bei, aber erst nach 1918 wurde das Leitungsnetz aufgebaut. In Rheinhessen war bis in die 1950er Jahre in den Städten 220 Volt, im ländlichen Bereich 110 Volt Spannung üblich gewesen. Heute führt das Netz einheitlich 220 Volt Spannung. Zwischen 1871 und 1914 wäre noch einiges an Erfindungen zu nennen, u. a.:

1839/40 Gummi,
1855 Zündhölzer,
1876 Telefon,
1878 Phonograph,
1885 erster Kraftwagen mit Benzinmotor,
1895 erster Kinofilm,
1903 erster Flug (Orville Wright).

Die Jahre des Friedens fanden ein plötzliches Ende.

Das Jahr 1914 markiert den Beginn des Ersten Weltkrieges, der, wie die von einer Welle der Begeisterung getragene deutsche Öffentlichkeit glaubte, bis spätestens Weihnachten siegreich beendet sein würde. Er sollte aber Hunger, Verwundete und Tote bringen. Er dauerte bis zum 9. November 1918 und endete mit der deutschen Kapitulation. In Berlin wurde die Republik ausgerufen. Wilhelm II. dankte als Kaiser ab und ging ins Exil.

Der Weg durch das 20. Jahrhundert. Rheinhessens Bevölkerung war durch viele Jahrhunderte überwiegend eine bäuerliche Gesellschaft. Entsprechend dieser Struktur war das Gefälle zwischen Stadt und Land nicht zu übersehen. 1918, mit dem Ende des Krieges, zeigte sich das auch daran: In den Städten war die französische Besatzungsmacht präsent, Wohnungsnot und Arbeitslosigkeit prägten den Alltag. Auf dem Land waren diese Sorgen weniger zu finden. Einigkeit zeichnete dennoch die Bevölkerung aus, als sie sich 1923 wegen der im Frieden erfolgten Besetzung des Ruhrgebietes durch Frankreich und Belgien im passiven Widerstand gegen die Besatzungsmacht stellte. Sie boykottierte die von den Franzosen betriebene Eisenbahn, die sogenannte „Regie", und unterstützte in keiner Weise die von den Separatisten ausgerufene „Unabhängige Rheinische Republik". Diese brach bald zusammen, und damit gingen 1925 Verwaltung und Bahnverkehr wieder zurück in deutsche Verantwortung. Im gleichen Jahr fand mit der Einführung der Reichsmark auch die Inflation ihr Ende. Das besetzte Rheinhessen war vom übrigen Hessen (Starkenburg und Oberhessen), das sich seit dem Kriegsende Volksstaat Hessen nannte, als besetztes Gebiet getrennt. 1930 endete die französische Besatzungszeit. Abermals wanderten in diesen Jahren viele Menschen in die USA aus. Damit sind zwischen 1830 und 1930 geschätzte sechs Millionen Deutsche ausgewandert.

Die Jahre der Inflation, die Belastung durch Kriegsschulden und die Folgen des Ruhrkampfes hatten Landwirtschaft, Gewerbe, Handel und jeden privaten Haushalt schwer getroffen. Hinzu kamen die Streitigkeiten der Parteien, politische Morde und keine Aussicht auf Besserung. Viele, die Kriegsanleihen gezeichnet hatten, brauchten auf Rückzahlung nicht mehr zu hoffen. Ihr Geld war ebenso wie der Krieg verloren! Die kurze Phase der wirtschaftlichen Erholung zwischen 1927 und 1930 wurde mit der über Nacht gekommenen Weltwirtschaftskrise jäh beendet. Sie traf Rheinhessen besonders schwer, weil es bei seiner damals landwirtschaftlichen Struktur an Industriebetrieben fehlte. Die Folge waren auch hier Massenarbeitslosigkeit, Notverordnungen und viele Regierungswechsel, welche die Hoffnungslosigkeit mehrten. In dieser politischen Zerstrittenheit hatte sich die NSDAP zu einer starken politischen Kraft entwickeln können, allerdings ohne die absolute

Mehrheit erlangt zu haben. Am 30. Januar 1933 wurde ihr Parteiführer Adolf Hitler von Reichspräsident Paul von Hindenburg zum Reichskanzler ernannt. Rheinhessens Bevölkerung erlebte wie alle Deutschen diese Zeit, stichwortartig beschrieben, so:

Ermächtigungsgesetz, Verbot aller politischen Parteien außer der NSDAP als Staatspartei, Gleichschaltung, Konzentrationslager in Osthofen, Bau der Autobahnen, Wiedereinführung der Wehrpflicht, Besetzung der entmilitarisierten Zone auf dem linken Rheinufer, Widerruf der sogenannten Kriegsschuldlüge, Einführung von Ehestandsdarlehen, Entschuldung der Landwirtschaft, Kinderlandverschickung, Neuordnung des Handwerkerrechts, Kirchenkampf, Rassen- und Reichsbürgergesetz, 1. Mai gesetzlicher Feiertag, Errichtung des Volksgerichtshofes, Reichserbhofgesetz, Gesetz zur Verhütung erbkranken Nachwuchses, Holocaust, Krieg, Zwangsarbeit usw.

Wie ist Rheinhessen in jener Ära zu sehen? Die Provinz war ein Spiegelbild jener Zeit, und so haben auch seine Menschen die NS-Zeit vielschichtig erlebt: Als Aktivisten, als Mitläufer, als Neutrale, als Gegner, als Widerstandskämpfer, als Deportierte, als Verfolgte, als Kriegsopfer, als Ausgebombte, als Vertriebene und am Ende alle als Verlierer. Hitler hatte am 30. April 1945 Selbstmord begangen; der Krieg endete am 8. Mai 1945 mit der bedingungslosen Kapitulation Deutschlands.

Die nur kurze Zeit wirtschaftlich scheinbarer Erfolge des Dritten Reiches endete schließlich in einem Chaos von Blut, Leid und Zerstörung auf der einen, und von Hass und Vergeltung auf der anderen Seite. Dabei hatte Rheinhessen in diesem Krieg insofern noch Glück, als sein landwirtschaftliches Gepräge nicht das vordringliche Ziel feindlicher Luftangriffe war. Dass aber gegen Ende des Krieges die Jagdbomber auf alles schossen, was sich bewegte, Zivilisten und Vieh eingeschlossen, gehört auch zum Bild jener Tage. Nicht verschont blieben die Städte, die permanent unter den Luftangriffen litten. Worms wurde am 21. Februar 1945 von den Briten schwer bombardiert. Noch schlechter erging es Mainz, das mit Beginn des Jahres 1945 ständige Luftangriffe ertragen musste und am 27. Februar 1945 von einem britischen Bomberverband in Schutt und Asche gelegt worden war. Die Mauerreste der Häuser erinnerten als gespenstische Silhouetten noch einige Jahre an diese Leidenszeit der Bevölkerung.

Mit dem Kriegsende verlagerten sich die Beschwernisse für die Menschen auf andere Lebensbereiche. Rheinhessen war von den Amerikanern an die Franzosen als Besatzungsmacht übergeben worden. Diese requirierten für ihre Familien Wohnungen, die ohnehin der Zwangsbewirtschaftung unterstanden, weil in dem noch vorhandenen Restwohnraum auch noch Ausgebombte, Flüchtlinge und Vertriebene untergebracht werden mussten. Die Besatzungsmächte demontierten die Fabriken, Ausgangssperren wurden verhängt und die Versorgung mit Essen, Hausbrand (d.h. Brennmaterial) und Kleidung war mangelhaft, sodass der Schwarzmarkt „boomte". Die Stadtbevölkerung ging aufs Land, um Schmuck oder Hausrat gegen Butter, Eier und Kartoffeln zu tauschen. „Hamstern" nannte man das damals. Wer von der Polizei oder den Franzosen dabei erwischt wurde, wurde nicht nur bestraft, sondern er verlor auch noch das vorher Eingetauschte.

Auch auf Länderebene begann für Rheinhessen eine neue Zeit. Die Provinz wurde von Hessen abgetrennt und kam zum neu geschaffenen Rheinland-Pfalz. Dabei verlor sie alle rechts des Rheines gelegenen Gebiete. Diese verblieben bei Hessen. Das waren Amöneburg, Bischofsheim, Ginsheim, Gustavsbug, Kastel und Kostheim, der Gimbsheimer Teil des Kühkopfes und die Orte Biblis, Bobstadt, Bürstadt, Groß-Rohrheim, Hofheim, Lampertheim, Nordheim, Riedrode und Wattenheim. Der Vollzug erfolgte am 30. August 1946 durch Verordnung der französischen Militärregierung in Deutschland über die Köpfe der Bevölkerung hinweg..

Heute ist das längst Vergangenheit. Wiederaufbau, Wirtschaftswunder, zwei deutsche Staaten, Kalter Krieg, die 1968er Unruhen, Wiedervereinigung und Mauerfall sind zu Meldungen und Ereignissen von gestern, zu Geschichte geworden.

Am Stammtisch der Weinstube waren
die Besucher auf die rheinhessische Vergangenheit neugierig
geworden und so war die Frage „Weiß man auch von den
Menschen jener Zeiten noch etwas?“ nur konsequent.
„Natürlich“ antwortete der Heimatforscher, aber davon kann
mein Freund als Genealoge mehr erzählen. Dabei zeigte er auf einen
neben ihm sitzenden Mann, einem pensionierten Bilbliothekar,
der sofort zum Thema kam...

Rheinhessen
Schmelztiegel Rheinhessen

Wenn der Boden reden könnte. Bevölkerung, Landschaft und Geschichte gehören zusammen; sie bilden eine „Symbiose", aus der sich die Bindung zur Heimat vielleicht am einfachsten erklären lässt. Insoweit macht Rheinhessen da keine Ausnahme. Als um 1900 ein junger Rheinhesse, der als Soldat in Namibia, dem damaligen Deutsch-Südwest-Afrika war, seinen Eltern das baldige Ende seiner Soldatenzeit im fernen Afrika ankündigte, beschrieben sie seine Vorfreude darauf Nachbarn damit, dass er sich ganz besonders „uff rischtische Wasserweck un die gud Fläschworscht freije" (auf echte Wasserweck und die gute Fleischwurst freuen) würde. Damit erfahren wir Einzelheiten, aber was macht sie für unserer Betrachtung so interessant? Nun, wir sehen altes Wissen bestätigt, dass schon eine befristete Abwesenheit in bestehende Lebensgewohnheiten tief eingreift und das erahnen lässt, was erst Menschen trifft, wenn sie ihre Heimat, freiwillig oder gezwungen, verlassen müssen. Die Schicksale der Ein- und Auswanderer, um die es gehen wird, lassen für solche Einschätzungen viel Raum. Viele von ihnen litten ihr Leben lang im Exil unter Heimweh und das, obwohl oft Hunger oder Verfolgung sie aus dem angestammten Land vertrieben hatten. An solchen Schicksalen ist Rheinhessen reich. Viel könnte sein Boden erzählen, wenn er reden könnte.

Längst sind die alten Herrschaftsgebiete nicht mehr existent, aber manches ist tief verwurzelt geblieben und lässt sich nur schwer erklären. Da liegen Orte so nahe beieinander und oft fragen sich deren Einwohner, „warum gibt es zwischen uns diese Unterschiede?" Was so rätselhaft erscheint, liegt in der unterschiedlichen Vergangenheit dieser Orte, denn in Rheinhessen „kochten viele Köche" zur gleichen Zeit. Es ergibt sich aber auch aus der Transitlage der Provinz, die schon immer Vieles ermöglichte. Sie gestattete und gestattet eine ständige und vor allem unauffällige Zu- und Abwanderung in diesem Siedlungsgebiet. Des Weiteren haben die Folgen des Dreißigjährigen Krieges und des Pfälzischen Erbfolgekrieges, die später noch zur Sprache kommen werden, zu massiven Veränderungen geführt. Diese gravierenden Ereignisse im deutsch-europäischen Geschichtsverlauf sind auf seinem Boden durch große Zuwandererströme und vielleicht noch mehr Auswanderungen geprägt, sodass man bevölkerungsgeschichtlich durchaus von einem „Sonderfall" sprechen kann.

Mit dem Ende der Römerzeit (406 n. Chr.) hatten germanische Stämme die Provinz Germania Superior, das spätere Rheinhessen, erobert. Diese Inbesitznahme erfüllte ein lang gehegtes Ziel der Eroberer, die freies Land und Teilhabe am römischen Leben suchten. Rom hatte sich aber diesem Drängen widersetzt, und so kam es schließlich zu Eskalation und Krieg. Der Neuanfang in diesem Siedlungsland verlief nicht störungsfrei, denn schon bald brandschatzten es die Hunnen. Erst die germanischen Franken, die im Jahre 496 links des Rheines den Kelten, Römern, Burgundern und Alemannen folgten, übernahmen als Gewinner der Kriege der Völkerwanderungszeit ein völlig daniederliegendes Land. Lange und schwere Aufbaujahre lagen in Rheinhessen vor den Urahnen der späteren Generationen, die in Sippenverbänden als „freie Franken" von der Region, nach etwa 500-jähriger römischer Zugehörigkeit, Besitz ergriffen hatten.

Über die Folgen dieser langen Wirren, auch der ethnischen, gibt es keine letzte Gewissheit. Ob Kelten und Römer vertrieben worden sind oder letztendlich im Germanentum aufgegangen sind, bleibt ein Geheimnis der Geschichte. Die Erfahrung lehrt aber, dass es zu allen Zeiten zwischen den Stämmen und Volksgruppen noch immer zu Vermischungen gekommen ist. Man glaubt aber zu wissen, dass die Germanen das Kulturgut der Römer übernommen haben. Darüber gibt es auch andere Darstellungen, denn die „Germanen" – ein Sammelbegriff für viele Stämme – waren keine Einheit. Ihre verschiedenen Volksgruppen stritten sich nicht nur mit den Römern, sondern auch untereinander mehr als ein halbes Jahrtausend zwischen dem Ende der Antike und dem Ende der Völkerwanderung (etwa 568).

Von ihrem Alltag weiß man, dass die Bevölkerung aus echten „Selbstversorgern" bestand. Jeglicher Handel erfolgte auf Tauschbasis, Ware gegen andere Ware, denn von Kelten und Römern hatten die Germanen das Land, nicht aber das Münzwesen übernommen. Es gab keine Geschäfte und Handwerksbetriebe, also keine Infrastruktur im heutigen Sinne. Alles musste man aus eigener Kraft herstellen oder tauschen. Bäche und Flüsse dienten den Menschen als Wasserstellen und zugleich auch als Abflüsse, denn sanitäre Einrichtungen waren ihnen fremd. Später, in der Zeit des

Mittelalters, waren in den Städten die Straßen gepflastert, was sich die Dörfer nicht leisten konnten. Für die bäuerliche Gesellschaft waren die Erzeugnisse des Landes ihre Nahrungsgrundlage. Ihr Anbau beschränkte sich auf nur wenige Pflanzen wie Bohnen, Erbsen, Linsen und Pastinaken. Einkorn, Emmer und Dinkel (alles alte Weizenarten) wurden im späteren Mittelalter vom heutigen Weizen (Saatweizen) verdrängt. Fremd war ihnen auch die Chemie, also künstliche Düngung, und auch das Rauchen war den Menschen unbekannt, ebenso wie Kartoffeln, Kakao, Tabak, Tee und Tomaten. Gummi war wie vieles Andere noch nicht erfunden. Auch die Früchte, die wir heute als „Südfrüchte" kennen, waren in Rheinhessen allenfalls denen bekannt, die als Krieger in südliche Länder gekommen waren. Dagegen sind Begriffe für ihren Arbeitsaufwand als Feldmaße in unserer „modernen" Zeit noch immer gültig: Tagwerk und Morgen, also Ackergrößen, die das „Werk eines Tages" darstellen oder an einem „Morgen" zu pflügen sind.

Viel mehr wissen wir nicht. Auch der Mangel an Quellen lässt für die Gründungen unserer heutigen Orte keine exakten Datierungen zu. Für die rheinhessische Siedlungsgeschichte finden sich die ersten verwertbaren Zeugnisse in den Aufzeichnungen der um 764 gegründeten Klöster Lorsch und Fulda aus Schenkungen an diese Abteien mit den Namen der Schenker und Lagen (Orte). Diese urkundlichen Namensnennungen bezeugen nicht die Gründung der Orte, sondern ihre erste

Erwähnung nach der Landnahme durch die Franken und beweisen, dass ländlich geprägte Strukturen (Acker- und Weinbau) schon früher bestanden haben. Das entsprach der damaligen Zielsetzung. In besonderer Weise wird das Karl dem Großen (768 - 814) und den von ihm geförderten Klöstern zugeschrieben. In Ingelheim ließ sich Karl der Große eine Kaiserpfalz („Aula Regia") erbauen. 1689 zerstört, ist sie heute nur noch in Resten vorhanden. Bis 1375 diente der Kaisersitz als eine der vielen Schaltstellen des Reiches.

Von wenigen Ausnahmen abgesehen wurden diese Menschen, denen nachgesagt wird, sie seien ungebildet gewesen, kaum älter als vierzig Jahre. Die Kinder litten besonders schwer. Viele starben an Unterernährung, und dennoch mussten sie schon sehr früh körperlich schwer arbeiten. Frauen blieben damals oft ledig, weil viele Männer ins Kloster gingen und für Gesellen ein Heiratsverbot bestand. Viele wollten aber auch nicht heiraten, weil die Ehemänner sie züchtigen durften. Bewundernswert, gegen so harte Lebensbedingungen anzugehen, war deshalb der Lebenswille der Menschen schon. Zu den damaligen Zeiten waren die Araber und Chinesen in allen Lebensbereichen, vor allem in der Wissenschaft, führend. Europa hat von ihnen die Zahlen und die im 5. Jahrhundert erfundene „Null" (Dezimalsystem) übernommen. Und weil die aus Indien stammenden Zeichen durch die Araber bekannt geworden sind, nennt man sie bis heute arabische Zahlen.

Frühe Aus- und Zuwanderer. Aus- und Zuwanderungen gab es schon immer. Als Jäger und Sammler waren die Menschen der Frühzeit Jahrtausende auf ständiger Wanderschaft. Erst als Ackerbauern und Viehzüchter wurden sie sesshaft und gründeten Gemeinschaften. Damit endeten aber nicht die normalen Wanderungsbewegungen, die durch die Lebensumstände wie Beruf, Heirat, Landerwerb oder Flucht schon immer ausgelöst worden sind. An solchen Schicksalen ist die rheinhessische Region reich. Dennoch liegen persönliche Veränderungen, also Einzelschicksale, für viele Jahrhunderte außerhalb der Möglichkeit jeglicher Nachforschung, denn die Geschichte berichtet nur über Stämme oder Völker. Sprechen wir also über das, was man weiß.

Vertriebene Juden suchten nach der Zerstörung Jerusalems in Europa Asyl – zuerst in Spanien, wo sie als römische Bürger leben konnten. In Rheinhessen werden in Mainz (8. Jh.) Juden nachgewiesen und in Worms (vermutlich älteste jüdische Gemeinde Deutschlands) im 11. Jahrhundert. Weitere jüdische Zuwanderungen gab es bis zum 15. Jahrhundert. Aber nicht nur Zuwanderungen veränderten die Zusammensetzung der Bevölkerung.

Nachdem im 7. und 8. Jahrhundert das Pferd zum unentbehrlichen Helfer geworden war, hatte sich im Lauf der nächsten Jahrhunderte die Landwirtschaft von der Zwei- auf die Dreifelderwirtschaft umgestellt und damit Ernteergebnisse und Ernährung verbessert.

Das zeigte sich in einer Zunahme der Bevölkerung durch vermehrte Geburten (in Europa von etwa 40 auf 70 Millionen innerhalb von zwei Jahrhunderten), was den Druck auf die Suche nach neuem Land erhöhte. Wo immer sich solche Möglichkeiten boten, wurden sie genutzt, so zum Beispiel in kriegsverwüsteten Gebieten auf westlicher Seite, aber auch im dünn besiedelten Osten, jenseits der Elbe. Um 1150 folgten Viele von der Mosel und dem Rhein-Main-Gebiet dem Ruf der Ungarn und des Deutschen Ordens nach Siebenbürgen. Dort machten sie das Land um ihre Gründungen Kronstadt und Hermannstadt urbar. Andere, von Abenteurerlust, religiösem Fanatismus oder von wirtschaftlichen Interessen getrieben, schlossen sich den sieben Kreuzzügen zwischen 1096 - 1294 an oder folgten anderen Unternehmungen. In ganz Europa war durch die Suche nach Land Bewegung in die Bevölkerung gekommen.

Weiterhin kamen aber auch ständig Fremde ins Land. Das waren zum einen Landsuchende und zum anderen Gastarbeiter, die es auch damals gab. Ausgelöst wurde der Zuzug von Fremdarbeitern durch den im 11. Jahrhundert einsetzenden Bau von Kirchen und Domen. Mit Alzey, Bingen (1006), Mainz, Oppenheim (1262) und Worms waren fast alle Orte in Rheinhessen zu verschiedenen Zeiten solche Baustellen. Für diese Bauwerke waren Spezialisten gefragt, die anderenorts angeworben werden mussten. Sie kamen mit ihren Familien aus allen Gegenden (u.a. auch aus der Lombardei) zu den Bauhütten, ihren langjährigen Arbeitsplätzen. Vermutlich sandte man dafür Werber aus, weil es kaum andere Möglichkeiten der Kontaktaufnahme gab. Auch Bergmannsfamilien kamen als Zuwanderer nach Rheinhessen. Vieles spricht dafür, dass sie von der Nahe, aus dem Harz und dem Erzgebirge kamen, um ihre Erfahrungen bei den Anfängen des heimischen Grubenbaues einzubringen. Um 1770 lebten in Nieder-Wiesen 41 Bergmannsfamilien (Spang: „Die Teufelsrutsch“). Diese Kleinstbergwerke, meistens Bohnerz- (Brauneisen) und Quecksilbergruben, unter anderem in der „Rheinhessischen Schweiz“ (z.B. die Karlsgrube und die Karl-Theodor-Grube), sind längst verschüttet und vergessen.

Zu den frühen Verfolgten zählten die Waldenser, eine um 1170 entstandene christliche Sekte, deren Leidensweg von Südfrankreich nach Piemont und von dort in viele Teile der Welt, aber auch nach Rheinhessen, führte. Seit 1492 vertrieben die Spanier Juden, die nicht bereit waren, sich taufen zu lassen. Als „Spaniolen“ flohen sie in viele Teile Europas ins Asyl. Verfolgt wurden im 16. Jahrhundert auch die Mennoniten (Altevangelische Taufgesinnte) in den Niederlanden, ihrem Stammland. Viele von ihnen führte die Flucht nach Deutschland.

Weitere Flüchtlingswellen in einem bis dahin nicht gekannten Ausmaß kamen mit den in Frankreich (seit 1562) beginnenden Hugenottenkriegen und seit dem Freiheitskampf in den Niederlanden (1568) gegen die blutige Unterdrückung durch den spanischen Statthalter Herzog Alba. Die Kunde, was Kriege, Flucht und Verfolgungen bedeuteten, erfuhr die Bevölkerung von diesen Flüchtlingen, die über die erlittenen Massaker berichteten. Diese Exulanten, die überwiegend in den reformierten Zentren Schutz fanden, brachten aus ihrer Heimat wertvolles Wissen mit, wie etwa die Tuchweber aus Flandern, die dann ihrem Gewerbe in Deutschland nachgingen.

In den Städten hatte das Handwerk durch das im 12. Jahrhundert entwickelte Zunftrecht eine steile Aufwärtsentwicklung genommen. Die Wanderschaft der Gesellen diente der Fortbildung. All das beeinflusste auch das Leben innerhalb der Kommunen. So waren viele Gasthöfe aus dem Bedürfnis der Handwerker entstanden, sich zu ihren Besprechungen in Zunftgaststätten zu treffen. Das waren Schildwirtschaften, die auch Fremden eine Herberge boten. Sie hatten Namen (Schwanen, Löwe, Sonne usw.) und waren an ihren Schildern (Schildgerechtigkeit) zu erkennen. Dagegen wurde in den Kranz- oder Straußwirtschaften neben kleinen Speisen nur der eigene Wein ausgeschenkt, so wie wir es bis heute kennen. Diese Tradition geht auf Karl den Großen zurück.

Was weiß man von der Bevölkerung jener Zeit? Wer mehr als nur die Daten seiner Vorfahren erforschen will, ist auf viele Quellen angewiesen: Staats-, Gemeinde- und Kirchenarchive, Dorf- und Heimatchroniken, Überlieferungen, Namenskunde, Briefe, einschlägige Fachliteratur und Forscherkontakte. Kurzum, bei der Spurensuche dürfen selbst Nebensächlichkeiten nicht ausgelassen werden, weil zum „Forscherglück" vieles gehört.

Mit den Namen beginnt die familiengeschichtliche Spurensuche. Aber wie steht es mit ihnen? Namen sind von alters her bekannt. Schon die Bibel nennt die Menschen beim Namen. Es waren aber bis in das frühe Mittelalter nur Vornamen, die zur Identifizierung genügten. Aus der Bibel ist bekannt, dass die Juden zur familiären Identität stets den Namen des Vaters ihrem eigenen hinzufügten, also Moses, Sohn des Levi oder bei den Frauen Sarah, Tochter des Isaak. Das praktizierten auch die eingewanderten Juden in Deutschland und konnten an dieser Tradition sogar bis in das 19. Jahrhundert festhalten. Sie hielten auch an den Vornamen ihrer Urväter (Abraham, Isaak, Levi, Moses, Salomon, Simon usw.) fest.

Bei den Einheimischen, die sich insoweit von dieser Praxis nicht unterschieden, nahm die Namensentwicklung, für die es um 1100 die ersten Quellen gibt, einen anderen Verlauf. Ihre Namen, wie Dietrich oder Gerhard, wurden bald mit Zusätzen (Beinamen) versehen, die sich über die Jahrhunderte schließlich zu den heutigen Zunamen entwickelten. Anders verhält es sich mit den Vornamen, die sich schon früh dem Zug der Zeit anpassten, und hier ist kein Ende dieser Entwicklung zu sehen. Seit dem 12. Jh. sind diese Veränderungen zu erkennen. Die germanischen Vornamen wurden von Namen aus der Bibel oder von Heiligen zurückgedrängt. Paulus, Johannes, Kilian oder Quirin gehen in diese Frühzeit zurück. Jean, Guillaume, Colette oder Madeleine erinnern an die französische Zeit Rheinhessens. Und Namen wie Charles, Mike, Tom, Liz und Nancy sind amerikanische Einflüsse des 20. Jahrhunderts; Anatol, Juri oder Svetlana kommen durch Spätaussiedler aus Russland.

Aber zurück ins Mittelalter. Beinamen, die späteren Familiennamen, lassen sich erst im 12. Jahrhundert, vermehrt ab dem 13. Jahrhundert, in Güterverzeichnissen, Steuerlisten usw. finden. Diese Familiennamen hatten die Zeitumstände erzwungen. Die Bevölkerung hatte sich vermehrt, was bei Namensgleichheit verschiedener Personen zwecks Erkennung noch Zusätze notwendig machte.

Man setzte also dem Vornamen als Beinamen den Ort der Herkunft, den Beruf oder ein anderes Merkmal hinzu. Viele solcher Namen haben bis zur Gegenwart Bestand: Achenbach, Anhäuser, Anklam, Bechtolsheimer, Daudistel, Dexheimer, Dickescheid, Erbelding(er), Espenschied, Esslinger, Hasselbach, Herbolzheimer, Höfling, Jarchow, Kissinger, Merkelbach, Mössinger, Munschauer (Monschauer), Oberbillig, Schnorrenberger, Schopp, Stauf, Willich oder Wörth, um es bei diesen wenigen Beispielen zu belassen. Wahrscheinlich wurden die ersten Namensträger (um 1200) so nach ihren Herkunftsorten gerufen.

Berufsbezogene Namen (Becker, Drechsler, Euler, Fischer, Fleischer, Fleischhauer, Förster, Leineweber, Metzger, Schäfer, Schiffer, Schlächter, Schneider, Wagner, Zimmermann usw.) ermöglichen aufgrund räumlich unterschiedlicher Bezeichnungen und Häufigkeit gebietstypische Zuordnungen.

Vor der Einführung der Kirchenbücher stützen sich die Erkenntnisse über Personen auf Güterverzeichnisse, Pachtverträge, Zinsregister und Gerichtsprotokolle der Grundherren. In solchen Dokumenten sind ab 1300 auch bürgerliche Namen in der rheinhessischen Region genannt: Ebelin(g) (1333) in Undenheim, Emerich (1386) in Ingelheim, Peter Balzer (1474) in Bermersheim, und Veltin Drappen (1474) in Ensheim. Viele dieser alten Namen lassen sich in den folgenden Jahrhunderten nicht mehr finden, oft auch deshalb, weil sich die Schreibweise änderte. Deshalb ist es oft unmöglich, mit Namen allein etwas beweisen zu wollen. Nehmen wir einmal den Namen „Hen". War es 1300 die Schreibweise für Henn, Hähn oder Höhn? Neben persönlichen und politischen Gründen blieb auch das Namensrecht auf diese Entwicklung nicht ohne Einfluss. Noch im 18. Jahrhundert durfte in vielen Teilen Deutschlands die Ehefrau nach der

Heirat ihren Namen behalten und führte den ihres Mannes zusätzlich. Das macht natürlich jede Familienforschung schwierig, denn auch uneheliche Kinder erhielten bis 1900 meistens den Zunamen des leiblichen Vaters.

Ab 1500 finden sich vermehrt Bürgerverzeichnisse, Morgenbücher (Grundbücher), Protokolle, Verträge, Nahrungszettel und Bedelisten (Grundsteuer) mit Berufs- und Namensangaben, und für die Zeit ab 1550 gibt es auch mehr und mehr Kirchenregister mit Tauf-, Trau- und Sterbeangaben. Das lässt anhand der Namen Rückschlüsse und vor allem eine gezielte familiengeschichtliche Suche zu. Bei den Namen Baas, Becker, Bender, Bicking, Booß, Ebling Emmerich, Engelhard, Ermel, Hofmann, Knobloch, Porth, Schimmel, Schweiss, Seilheimer, Spieß, Stapf, Trapp, Weber, Willich, und Winter beispielsweise ist die Wahrscheinlichkeit groß, dass Namensträger schon vor dem Dreißigjährigen Krieg in Rheinhessen lebten.

Für die Bevölkerungsbewegungen während der Dauer dieses Krieges gibt es nur wenig aufgezeichnetes. Feststeht aber soviel, dass Rheinhessen – worauf später noch eingegangen wird – zu einem fast menschenleeren Land geworden war. Umso interessanter ist eine ganz besondere Ansiedelung während dieses Krieges. Sie vollzog sich 1631, als Einheiten des Schwedenheeres auch Essenheim besetzt hielten. Etliche Soldaten dieser Truppe blieben in Essenheim, einige auch in Stadecken zurück und gründeten dort Familien.

Familiengeschichten und Legenden. Wer mit der Erforschung seiner Familiengeschichte beginnt, erkennt schnell, dass er das Wissen über seine Herkunft mit großem Fleiß erarbeiten muss, denn die Grenzen einer jeden Suche haben Zeit und Zufall vorgegeben. Menschen, die als Kinder zur Adoption freigegeben worden sind, erfahren in sehr vielen Fällen nie, wer ihre leiblichen Eltern sind oder waren. Aber auch bei den ganz normalen Stammbäumen zeigen sich nicht selten in der Reihe der Großeltern schon erste Lücken. Sie mehren sich, je tiefer man in die Vergangenheit vordringt. Das kann eigentlich nicht verwundern, denn am Anfang jeden Weges wird die wahre Dimension nicht gesehen. Aber ein Rechenbeispiel mag das verdeutlichen.

Kinder, Eltern und Großeltern sind drei Generationen, die in zeitlicher Folge in einem Jahrhundert leben. Vom Beginn der Zeitrechnung bis zum Jahre 2000 ergibt das „nur" 60 Generationen an direkten Vorfahren, deren Zahl sich aber von Generation zu Generation verdoppelt. Daran erkennt man die Forschungsgrenzen, deren Ergebnisse vom Umfang des „verfügbaren Materials" abhängig sind. Dieses Betätigungsfeld bleibt bescheiden. Das erklärt sich daraus, dass die Kirchenbücher, die erstmals persönliche Daten enthalten, frühestens um 1550 beginnen und dass große Teile dieser Quellen in Rheinhessen durch die vielen Kriege auf dessen Boden für immer verloren gegangen sind. Auch deshalb muss die Genealogie stets andere Quellen (Dorfleben, Namensforschung usw.) für ihre Ziele nutzen.

Für die bürgerliche Bevölkerung bleibt familiengeschichtlich die Zeit vor 1550, weil Familienlisten aus dem frühen Mittelalter fehlen, insofern eine anonyme Epoche. Sie gestattet nur Rückschlüsse auf den Alltag der Menschen, sofern sie in diesem Lebensraum ansässig waren. Hilfe für diese Zeit bietet oft die Namensforschung, die in Einzelfällen schon im 12. Jahrhundert Familiennamen und Wohnsitze belegen kann und für eine Sippenforschung bescheidene Ansätze bietet. Interessant ist deshalb eine Behauptung von Genealogen, die besagt, dass „Kaiser Karl der Große (747 - 814) ein direkter Vorfahre vieler linksrheinischer Bewohner sei, wenn deren Ahnen vor 1618 in diesem Gebiet geboren seien". Des Kaisers Nachkommen bis 1618 wären aus etwa 25 Generationen zu errechnen, was diese Aussage mathematisch nicht widerlegt. Jedenfalls macht aber die Behauptung deutlich, dass die ethnischen Zusammenhänge ausgeprägter sind als sie es gemeinhin vermuten lassen. Diese Schwierigkeiten sind auch dreihundert Jahre später bei Hildegard von Bingen noch dieselben. Bermersheim vor der Höhe schreibt man ihr als Geburtsort (1098) zu. Damals gab es noch keine Zunamen und deshalb wurde das zehnte Kind einer Familie des niederen Adels auf den (Vor-) Namen Hildegard getauft. Nachdem sie als Äbtissin der Klöster Ruppertsberg und Eibingen in damaliger Zeit Bedeutung erlangt hatte, wurde ihr später der Beiname „von Bingen" gegeben. So ist sie in die Geschichte eingegangen. Von ihren Eltern (Hildebert und Mechthild) und ihren neun Geschwistern sind von sieben (Irmengarth, Odilia, Judda, Clementia, Drutwin, Hugo und Rorich) die Namen bekannt, aber für mögliche Nachkommen der Sippe können diese Fragmente ihrer Forschung nicht weiterhelfen. Während diese Zeit für die Geschlechter der Herrscher und des hohen Adels schon belegbar ist, gestatten örtliche Gerichtsprotokolle über Rechtsgeschäfte erst ab 1300 zögernde Einblicke in das dörfliche Leben der Bevölkerung. Anders ausgedrückt: Für die bürgerlichen Familien bleibt das Leben ihrer Sippen in jener Zeit im Dunkeln der Geschichte.

Hildegard von Bingen

Von Einzelfällen im 15. und 16. Jahrhundert abgesehen, lassen sich in Rheinhessen im Allgemeinen erst im 17. und 18. Jahrhundert personenbezogen Einzelnachweise führen. Nun ist Familiengeschichte von den politischen Abläufen ihrer jeweiligen Zeit, die ihr den Hintergrund verleiht, nicht zu trennen. Leichter macht das die Forschung aber nicht. Dennoch bezeugen die Geschlechterbücher, was Forscherfleiß noch nachzuweisen imstande ist. Auch Familienverbände, die neben den belegten Stammlinien zum Teil vermutete Linien mit einem hohen Wahrscheinlichkeitsgrad bis in das frühe 15. Jahrhundert erforschen konnten, besitzen damit genealogische Raritäten. Zu solchen gehören auch Familienchroniken, die in bürgerlichen Familien selten sind. Von Albrecht Dürer (1471 - 1528) in Nürnberg ist eine solche bekannt

Forschungsbemühungen gleichen fast immer der Suche nach der Nadel im Heuhaufen. Geschichtsrelevante Ereignisse sind deshalb, wenn Urkunden fehlen, sehr oft die einzigen erklärenden Hilfen. Sie können Überlieferungen bestätigen, aber auch widerlegen. Das soll an zwei Fällen dargestellt werden, deren Beweislage äußerst unklar ist.

Nach der Chronik einer Familie sind deren Vorfahren als Hugenotten aus den Cevennen geflüchtet und fanden in Rheinhessen Asyl. Tatsächlich wird der Name dieser Familie aber schon 1525 zweifelsfrei hier im Bauernkrieg nachgewiesen, was damit eine Flucht dieses Stammes insoweit ausschließt. Eine andere Familie soll ihrer Legende zufolge im Mittelalter aus Ostpreußen nach Rheinhessen gekommen sein. Das erscheint ungewöhnlich, weil die Bevölkerungsbewegung damals genau dorthin gerichtet war. Eine kleine Hilfestellung für diese Überlieferung findet sich in der Geschichte, die im Jahre 1410 über eine schwere Niederlage des Deutschen Ordens bei Tannenberg mit all ihren Folgen berichtet. Es liegt von daher im Bereich des Möglichen, dass in diesem Zusammenhang ein Urahne in einen hiesigen Stützpunkt des Ordens kam.

Anders in diesen beiden Fällen: Aus dem rheinhessischen Namen Pfannebecker (ursprünglich van der Beek) haben sich auch Schreibweisen wie Pannabecker und Pennypacker entwickelt. Die Urahnen Jan Pannebakker und seine Frau wurden der Überlieferung nach in Gorcum (Niederlande) 1568 als bekennende Mennoniten hingerichtet. Die Familienmitglieder flohen daraufhin und fanden in Kriegsheim Asyl. – Auf dem „Gauer Hof", dem Herrenhof der Freiherren von Dalberg in Planig, wird 1586 der Name Fischborn erstmals erwähnt. Nach der Legende kamen die Namensträger als Glaubensflüchtlinge von den britischen Inseln. Eine amerikanische Linie dieser Familie benennt die Insel Jan Mayen (Fishburn) sogar als Herkunft des Stammes. Das klingt sehr interessant, ist aber leider unzutreffend, denn diese Insel wurde erst im Jahre 1607 von Hudson entdeckt und zu dieser Zeit waren die Fischborns längst in Deutschland ansässig.

„Wir sollen einmal aus der Schweiz gekommen sein!" – „Unsere Familie stammt aus Brabant" – „Meine Vorfahren sind angeblich Hugenotten aus Artois!" Solche Hinweise auf alte Überlieferungen stehen oft am Anfang von Recherchen. Mehr wissen die Suchenden meistens nicht, weil die Fakten über die Herkunft ihrer Vorfahren irgendwann einmal zur Legende geworden sind. Das ist kein mangelndes Interesse an der eigenen Familiengeschichte. Schließlich waren die meisten Vorfahren bis in das 18. Jh. Analphabeten und gaben ihr Wissen nur mündlich weiter. Es ist aber auch der normale Lauf der Dinge, der im Lebensalltag oft anderen Notwendigkeiten folgen musste. Auch die frühere Einbindung in die Sippe, die einmal überlebenswichtig war, ist im Zuge der Zeit längst überflüssig geworden. Kindeskinder kennen sich heute nur noch selten, und in der Entwicklung neuer Lebensformen gibt es keinen Stillstand. Soweit etwas aus der Zeit bis etwa 1648.

Die Einwanderung nach dem Dreißigjährigen Krieg. Die alte Bevölkerung, die ihre Wurzeln überwiegend bei den Franken und sicherlich in Spuren auch bei Kelten, Römern, Alemannen und Burgundern hatte, war größtenteils durch den verheerenden Dreißigjährigen Krieg ausgelöscht und Rheinhessen ein menschenleeres und verwüstetes Land geworden. Mit den Neubürgern kamen Menschen aus anderen Siedlungsräumen der Völkerwanderungszeit Europas nach Rheinhessen und folgten damit dem Ruf, hier Untertanen zu werden. Sie kamen vom Niederrhein, aus dem Lütticher Land, aus Welschflandern (heute französisch Flandern um Lille), aus Tirol, aus dem Ländlein ob der Enns (heute Oberösterreich um Linz), Italien und der Schweiz, und auch viele holländische und französische Calvinisten folgten, weil sie hier alle auf bessere Lebensbedingungen hofften. Unter den Zuwanderern nach 1648 finden sich aber auch Rückkehrer, die während des Krieges in die von den Spaniern befreiten Teile der Niederlande geflüchtet waren. Mit ihnen kamen aber auch andere Gewohnheiten. War vor dem Dreißigjährigen Krieg in Rheinhessen der Wein als Getränk fast konkurrenzlos, so waren die Zuwanderer aus Flandern und vom Niederrhein aus ihrer alten Heimat mehr dem Bier zugetan. Und da die Weinberge zerstört waren und der Wein deshalb knapp war, kam es in der Region vermehrt zum Bau von kleinen Hausbrauereien.

Mit einer umfangreichen Zuwanderung aus vielen Gebieten Europas beginnt in der rheinhessischen Bevölkerungsgeschichte ein neues Kapitel. Die Kirchenbücher jener Zeit bezeugen dies. Vor allem an den Namen lassen sich die Veränderungen gegenüber der Zeit vor 1618 erkennen. Aber auch dann, wenn Nachweise fehlen, zeigen viele Namen oft den Weg in die Länder ihrer Herkunft. Alleborn, Ammon, Bucher, Büchli, Bürgi, Egli, Flück, Kobler, Krehbühl, Strub, Sutter, Thur, und Zutt deuten in Richtung Schweiz, Curschmann, Fitting, Frings, Kaldenberg, Koenen, Könges, Lohausen, Muskopf, Rickrich, Ritzheim und Thielen auf den Niederrhein, Justin auf Pommern. Basin, De Marché, Dubois, Ferrière, Fontain, Landois, Lawall, Toussaint, Weyand kommen aus dem französischen Sprachraum; die italienischen Namen Basetti, Compa, Molinari, Zetto können ein Hinweis auf Piemont sein. Für die Niederlande sprechen die Namen Bogart, Brabant, Dejung, Fijn, op de Graf, van der Berg, von der Awen (Au) und Woidmann.

Greimel, Moosgruber, Stichlberger und Trummer deuten als Spur nach Österreich. Geblieben sind aber auch viele Söldner des Krieges. Indizien dafür können Namen wie Bayer, Franzmann, Luxemburger, Östreicher, Spanier, Preuß, Schwede, Westphal(e) oder Württemberger sein. Das alles sind aber nur pauschale Anhaltspunkte für diese geschichtlich erwiesenen Vorgänge, denn für die Forschung in jedem Einzelfall zählt nur der absolute Nachweis. Das ist für die familiengeschichtliche Forschung eine Herausforderung, denn die in Rheinhessen noch vorhandenen Dokumente sind oft lückenhaft oder sind – wie schon erwähnt – in den vielen Kriegen vernichtet worden.

Leider lassen die Register nur in Hinweisen Details aus damaliger Zeit erkennen. So deuten die Eheschließungen an, dass die Bevölkerung mit nur wenig Vorbehalten aufeinander zugegangen ist. In Rheinhessen konnte sich deshalb ein Menschenschlag entwickeln, der viele Eigenarten europäischer Regionen in sich vereint.

Mit dem Zustrom der Neubürger begann sich das Land langsam zu erholen. Wichtig war, dass die unterschiedlichen Schichten friedlich zusammenfanden. Dieser Prozess des Zusammenwachsens der neuen Bevölkerung ist kaum noch nachvollziehbar, denn je weiter die Spuren in die Vergangenheit führen, desto spärlicher werden die Ergebnisse. Noch am ehesten kann hier die genealogische Forschung helfen. In vielen Fällen kam sie zu dem Ergebnis, dass kriegszerstörte Höfe und Mühlen gegen zeitliche Pachtfreiheit aufgebaut und wieder in Betrieb genommen worden sind. Es gab sicher mittellose Exulanten und Zuwanderer, aber auch etliche, die nicht unvermögend in die neue Heimat gekommen waren. In den Städten war es schwieriger, Fuß zu fassen. Hier war ein handwerklicher Beruf für die Einbürgerung wichtig, und außerdem musste der Neuling oft Bürgen stellen. Erst dann konnte er „Beisass", also „Bürger auf Probe", werden.

Zu Gemeinschaftsaufgaben mussten alle Bürger bereit sein. Hierzu zählte der Brandschutz, für den in allen Häusern ständig mit Wasser gefüllte Ledereimer bereitzustehen hatten. Von einem modernen Brandschutz war man noch weit entfernt. So erklärt sich auch, dass ein einzelner Brand fast immer zu einem Flächenbrand werden konnte. Deren gab es damals viele, aber noch keine Brandversicherung.

Rheinhessen blieb auch in den folgenden Jahrzehnten ein Einwanderungsland. Flüchtlinge kamen aus dem Jülicher Land und aus dem Elsass, wo die Verhältnisse instabil geblieben waren. Dann wurde 1685, nach der Aufhebung des Edikts von Nantes, das Land vier Jahrzehnte nach Friedensschluss von einer großen Zahl geflüchteter Hugenotten aus Frankreich überrascht.

Aber es sollte noch Schlimmeres kommen. Das Unglück, das die Bevölkerung damals nicht erahnen konnte, nämlich (zwischen 1648 bis 1945) viele Kriege auf rheinhessischen Boden, begann mit dem Pfälzischen Erbfolgekrieg von 1688 -1697, dem tatsächlich nur wenige friedliche Jahre folgten. In diesem Wechsel von Kriegen, Katastrophen und Friedenszeiten vollzog sich die Entwicklung der Generationen unterschiedlich. Es gab solche, die alles erlebt hatten, und solche, die vorwiegend nur Gutes kannten – wie zu allen Zeiten.

Als Rheinhessen französisch war. Das einfache Volk hatte ein schweres Leben. Man denke nur einmal an die Mobilität, wenn jemand reisen wollte. Der Weg von Alzey nach Mainz beträgt zu Fuß sechs Stunden, und wer kein Pferd hatte, musste diesen Marsch „auf Schusters Rappen" bewältigen. Anders ging es damals nicht. In der gleichen Zeit fliegt man heute von Frankfurt am Main nach New York. Dann gab es keine soziale Absicherung, keinen Urlaub, aber Abgaben, Frondienste und Strafen. Böllerschießen an Neujahr und bei Hochzeiten war verboten und stand deshalb wie Kartenspielen um Geld unter Strafe. Die Jagd gehörte der Obrigkeit, die für Wilderei die Todesstrafe androhte. Den Bauern war sogar bei Strafe verboten, Hasen und Wildschweine von ihren Feldern zu vertreiben. Peinlich war eine außereheliche Schwangerschaft. Die betroffenen Frauen wurden vom Dorfgericht über intimste Einzelheiten ihres Verkehrs verhört.

Viele Bürger entflohen im 18. Jahrhundert diesen heimatlichen Verhältnissen und wanderten aus. Sehr oft war Nordamerika ihr Ziel; zwischen 1689 und 1697 war es Pennsylvanien, um 1709 ein weiteres Mal. In den Jahren 1750/52 lockte auch Kanada. Viele folgten aber auch dem Ruf Friedrich des Großen um 1747 nach Preußen, darunter aus der rheinhessischen Region u. a. die Familien Hensch, Dautenheim, Christian und Philipp Heck, Georg Riff und Joh. Jak. Wendemuth aus Esselborn, Valentin Müller, Johann Noll, Peter Schmidt und Valentin Baußmann aus Frei-Laubersheim, Joh. Martin Gentzler, Heinrich Ginseler, Franz Lewig und Joh. Jak. Lufft aus Siefersheim sowie Franz Göttel und Jürgen Menzel aus Wolfsheim. Diese Auflistung ließe sich beliebig fortsetzen, denn in Preußen war Religionsfreiheit und das Land war militärisch stark. Schon bewundernd sang man deshalb in den deutschen Landen: „Und wenn der ‚Große Friedrich' kommt und klopft'n auf die Hosen, dann läuft die ganze Reichsarmee, Panduren und Franzosen!" In der Schrift „Rheinhessen in seiner Vergangenheit" (Bd. 8) von 1931 sind auf den Seiten 52 und 53 über die Siefersheimer Auswanderer Ginseler und Lufft Einzelheiten überliefert. Diesen beiden zufolge war die religiöse Bedrückung wegen ihres evangelischen Glaubens der Grund zur Auswanderung. Heinrich Ginseler wurde in Eggersdorf (Bezirk Potsdam) angesiedelt, Johann Jakob Lufft erhielt Land zu Friedrichswalde. Er hatte, wie alle Einwanderer dort, anfänglich keinen leichten Stand. Offenbar war ihm von preußischer Seite weit mehr versprochen worden als er später bekam. Darum ließ er durch die preußische Regierung sein heimatliches Vermögen anfordern, das ihm die Chur-Mainzer Regierung vorenthielt. In einem Forderungsnachweis beanspruchte Johann Jakob Lufft die ihm von seinem Schwiegervater vermachte Summe von 123 Talern nebst Zinsen. Erst im Jahre 1772 entschloss sich die Heimat nach langen Verhandlungen zur Herausgabe der Auswanderervermögen.

Andere Anwerbungen lockten nach Siebenbürgen, nach Galizien und 1784-1786 in die Batschka und das Banat. Es muss eine Massenflucht gewesen sein, wenn man von den Siedlern in einem einzigen Ort, nämlich Neuwerbaß/Batschka (Ungarn), auf die Gesamtzahl schließt. Dort allein siedelten, neben weiteren aus anderen Gebieten, folgende rheinhessische Familien: Johann Georg Althen, Planig; Karl Antel aus Wendelsheim und Ehefrau Maria Lar aus Kriegsfeld; Christoph Beißer und Margaretha (geb. Fischborn) aus Planig; Peter Braun, Fürfeld; Anton Bretz, Planig; Karl Buchberger, Hohensülzen; Johann Burghardt aus Bodenheim; Gg. Phil. David, St.-Johann; Johann Emich, Wörrstadt; Johann Wilhelm Erbes und Frau Magdalena (geb. Hoffmann), Appenheim; Johann Fischborn, Planig; Friedrich und Nikolaus Frank, Horrweiler; Elisabeth Gräßer (verh. Klein), Engelstadt; Peter Groß, Bosenheim; Konrad Hain, Bechtheim; Balthasar Hamm und Frau Anna Marg. (geb. Lauter), Elsheim; Heinrich und Jakob Hartwein, Elsheim; Joh. Hch. Hinkel, Wallertheim; Joh. Hch. Jöckel u. Frau Kath. (geb. Nonnenmacher), Partenheim; Heinrich und Philipp Klaus, Flonheim; Konrad Korndörfer und Frau Susanna (geb. Kern), Wöllstein; Jörg Kramer, Köngernheim a.d. Selz; Nikolaus Lenz, Nieder-Flörsheim; Anton und Peter Mühsamer, Planig; Konrad Niethan (?) (evtl. Piethahn ?) und Frau Kath. Elisabeth (geb. Steig), Fürfeld; Nikolaus Schiffmann, Hohensülzen; Jakob Schmoll, Frei-Laubersheim und Frau Sophia Basmin, Neu-Bamberg; Justus Schneider, Framersheim; Heinrich Steinmetz, Köngernheim a.d. Selz; Andreas Weber, Gau-Köngernheim; Marg. Elisabeth Weber, Mommenheim.

Für die Auswanderung mussten die Colonisten (so wurden sie bezeichnet) Auswanderungsgebühren zahlen und außer den Tauf- und Heiratsnachweisen ihrer Kirche auch im Besitz eines Geleitpasses sein. Es gab fast keinen Winkel, in dem nicht Deutsche gesiedelt hätten. Selbst in Russland, an der Wolga, bauten sich Deutsche eine neue Heimat, die ihnen Katharina die Große versprochen hatte. Neben den Kriegswirren dieser Zeit waren aber auch bittere Armut und Hunger oft ein Grund, der angestammten Heimat den Rücken zu kehren. Viele deutsche Städtenamen erinnern weltweit an die Gründungen durch jene Auswanderer. Längst klingen aber viele Städte in der Landessprache wie die serbische Stadt Novi Sad, die damals (ungarisch) von deutschen Siedlern gegründet worden ist. Ursprünglich nannte sie sich Neusatz, in Erinnerung an den gleichnamigen Ort im Schwarzwald. Und überall, wo im Ortsnamen „Pfalz" zu finden ist, sind Siedler aus der Pfalz als ihre Gründer zu vermuten. Im ostfriesischen Pfalzdorf deuten etliche Familiennamen auf solche rheinhessisch-pfälzischen Wurzeln hin. Seine Gründer folgten als enttäuschte Auswanderer damals einer preußischen Anwerbung dorthin. Diese Pfälzer, deren Ziel eigentlich Amerika war, kamen aus dem zuvor erst gegründeten Pfalzdorf gleichen Namens bei Goch. Dort hatte ihre Ausreise nach Amerika ihr frühes Ende gefunden. Aber das ist eine andere Geschichte.

In diese politischen und sozialen Verhältnisse hinein machte eine Kunde aus Frankreich den Menschen Hoffnung: „Das Volk hat die Regierung übernommen!" Und so fragten sich die Menschen, ob das auch hier seine Fortsetzung finden würde? Tatsächlich hatte sich in Rheinhessen mit der Eingliederung in den französischen Staatsverband für die Bevölkerung vieles zum Guten verändert.

Die Grenzbevölkerung zu Frankreich, die mit den Idealen der französischen Revolution sympathisiert hatte, sah sich damit an ihrem Ziel; immerhin waren sie doch freie Bürger geworden und hatten in Mainz mit Jeanbon St. André, von den Mainzern wegen seines Namens „de Schinkeandres" genannt, einen verständnisvollen Präfekten. Auch die Säkularisierung, die Enteignung geistlicher und fürstlicher Besitztümer, verhalf der Landbevölkerung nunmehr zum Erwerb von frei gewordenem oder gepachtetem Land vom Staat zu günstigen Bedingungen und damit zu Eigentum. Diese Menschen, deren Vorfahren wie sie selbst Jahrhunderte lang erfahren hatten, dass sich unterwerfen, sich fügen das Überleben bedeutete, schienen wie aus einem Albtraum erwacht.

Eigentlich hätten für Frankreich die Bedingungen nicht günstiger sein können. Die Bevölkerung, die viele Jahrhunderte unter den Kriegsfolgen stark gelitten hatte, sehnte sich nach stabilen Verhältnissen. Insbesondere die Jakobiner auf linksrheinischem Gebiet sahen die Zeit gekommen, ihre Pläne für eine Demokratisierung des Landes zu verwirklichen. Zunächst stritt man sich aber darüber, welchen Status das Departement erhalten sollte: völliger Anschluss an Frankreich oder selbstständige Republik unter französischer Hoheit. Die Verfechter der letzteren Idee waren in der Minderheit, doch die Entwicklung nahm nicht den von den Menschen erhofften Verlauf.

Ob Armut, Enttäuschung oder Ungewissheit: für Viele im Umkreis des Donnersberges war das alles wieder einmal Anlass, damals der Heimat den Rücken zu kehren. Nach 1784-1786 brach 1794/1800 eine zweite Welle nach Ungarn auf. Der übliche Weg führte zunächst nach Ulm, von dort auf der Donau dem Ziel entgegen. Das Schicksal einer Familie mag für Viele sprechen. Es ist das der Familie Mauer aus Freimersheim vor der Warte. Der 1777 dort geborene Mathias Mauer, Besitzer der damaligen Wassermühle, ließ sich mit seiner Familie in der Nähe von Werbaß/Ungarn nieder und baute sich dort wieder eine Mühle. Nach 1820 folgten ihm seine Eltern Jakob und Margarethe Mauer. Bevor sie 1829 und 1830 in Ungarn verstarben, mussten sie noch erleben, wie die mühevoll erbaute Mühle ihres Sohnes durch einen Brand vernichtet wurde. Mathias war nicht der einzige Auswanderer dieser Familie. Sein Bruder Christian ging nach Brasilien, sein Bruder Johann nach Portugal. Fünf Kinder seines in der Heimat verbliebenen Bruders Philipp Jakob zog es in die USA, und auch Kinder seiner verheirateten Schwester Katharina Margaretha suchten dort eine neue Heimat. Damals erging es vielen Familien ähnlich, wobei in den Jahren 1803-05 und 1808-10 auch Galizien und das Schwarzmeergebiet zu den Zielen der Auswanderer gehörten. Diese Einzelschicksale, Randerscheinungen der Epochen, finden in der großen Geschichte keine Erwähnung. Es ist die genealogische Forschung, die oft zufällig solches aus dem Dunkel der Vergessenheit ans Licht holen kann.

Das neue französische Recht brachte auch den jüdischen Einwohnern viele

Veränderungen. Bis dahin lebten die Juden als sogenannte „Schutzjuden", die ihr Wohnrecht erkaufen mussten, mehr oder weniger geduldet in Stadt und Land. Schon 1791 hatte als Folge der Revolution die Französische Nationalversammlung den Juden die vollen Bürgerrechte zugesprochen. Das kam ihnen nun in den bisher deutschen und jetzt neuen Departements zugute. Händler mussten allerdings für die Ausübung ihres Gewerbes jährlich ein Führungszeugnis, ein Moralpatent, erwerben. Schließlich verlangte eine Anordnung Napoleons aber auch von den Juden die Annahme von Familiennamen, was zwischen 1808 und 1810 zur Durchführung kam. Damit wurden sie mit der übrigen Bevölkerung gleichgestellt. Angenommen wurden vielfach Familiennamen wie Baum, Bär, Hirsch, Levi, Liebmann, Mainzer, Mendel, Nathan, Neuberger, Oppenheimer, Rosenzweig, Rothschild, Seligmann, Stern, Süßkind, Strauß und so weiter.

Ein seltsamer Kalender. Für die Familienforscher sind die Jahre 1798 bis 1805 wegen des republikanischen Kalenders etwas problematisch, und wahrscheinlich war das auch zu seiner Geltungszeit der Fall. Der Nationalkonvent in Paris hatte es so beschlossen: „Die Zeitrechnung der Franzosen rechnet von der Gründung der Republik an, die am 22. September 1792 der gemeinen Zeitrechnung, dem Tage stattgefunden hat, da die Sonne in die tatsächliche Herbstnachtgleiche gelangte und um 9 Uhr 18 Minuten 30 Sekunden des Morgens, nach der Pariser Sternwarte, ins Zeichen der Waage trat."

Das Jahr wurde in zwölf gleiche Monate zu je 30 Tagen eingeteilt, denen fünf Tage (Sans-Culottides) folgten, um das gemeine Sonnenjahr zu ergänzen.

Der Monat bestand aus drei Dekaden, deren Tage folgende Namen hatten: Primidi, Duodi, Tridi, Quartidi, Sextidi, Septidi, Oktidi, Nonidi und Décadi.

Die Namen der Monate hießen:
Vendémiaire (Weinmonat), Brumaire (Nebelmonat),
Frimaire (Frostmonat), Nivôse (Schneemonat), Pluviôse (Regenmonat), Ventôse (Windmonat), Germinal (Keimmonat), Floréal (Blütenmonat), Prairial (Wiesenmonat), Messidor (Erntemonat), Thermidor (Hitzemonat), und Fructidor (Früchtemonat).

Wie stellt sich das in den Urkunden dar? Das Datum 7. Pluviôse VIII. zum Beispiel ist der 27. Januar 1800 oder der 15. Nivôse X. ist der 5. Januar 1802. Dieser eigenartige Kalender wurde durch einen Beschluss vom 22. Fructidor XIII. (9. September 1805) von Kaiser Napoleon zum nächsten 11. Nivôse (1. Januar 1806) wieder durch den gregorianischen Kalender im ganzen Kaiserreich ersetzt.

Das Jahrhundert der Auswanderungen. Nachkriegszeiten sind stets die „Nachwehen" der Kriege, und so hatte auch Rheinhessen in der nachnapoleonischen Ära zu leiden. 1816 ist als das Hungerjahr bekannt geworden, verursacht durch schwere Unwetter. Steigende Preise und Arbeitslosigkeit waren die Folge dieser Misere. Viele konnten die Betriebe, die sie erst wenige Jahre zuvor erworben hatten, nicht mehr halten und entschlossen sich deshalb zur Auswanderung nach Nord- und Südamerika und nach Algerien. Dies wurde zu einem allgemeinen Problem und veranlasste 1821 die Regierung zu administrativen Maßnahmen, indem sie die Genehmigung zur Auswanderung stets von dem Nachweis einer Schuldenfreiheit abhängig machte. (Vom Unwetter weniger betroffen war das Gebiet um Alzey, ein Streifen zwischen Wörrstadt und Westhofen, dessen Wetterlage bekanntermaßen durch die Einflüsse von Odenwald, Taunus, Hunsrück und vor allem dem Donnersberg als regenärmer gilt.)

Unabhängig von den behördlichen Auflagen war aber der Wegzug, (ähnlich hoch wie schon 1784 - 1786), nicht zu bremsen, und so zog es seit 1816 sehr viele nach Brasilien, dessen Angebote sich besonders verlockend anhörten. Während die Auswanderer ihre Passage nach Nordamerika selbst bezahlen mussten, wurden hier die Kosten der Überfahrt vom brasilianischen Staat übernommen und es wurde freies Land in Aussicht gestellt. Das verfehlte auf viele Enttäuschte und Hungernde in Rheinhessen seine Wirkung nicht. Sehr bald kamen aber viele von ihnen vom „Regen in die Traufe". Schon bei der Überfahrt bekamen sie nicht die vertraglich zugesicherten Rationen, weil die Schiffsbesatzungen den so eingesparten Proviant später in Rio für sich selbst gewinnbringend verkauften. Das belastete die Einwanderer doppelt, denn alle diese den Siedlern vertraglich zugestandenen Leistungen waren nicht geschenkt, sondern eine Leihschuld, die in Brasilien abgetragen werden musste. Erst, wenn diese Schuld völlig getilgt war, hatten sie ihre Freizügigkeit wieder. Natürlich brachten es spätere Generationen auch dort zu Wohlstand. Die im Hungerjahr 1816 begonnenen Auswanderungen erlebten aber erst um 1845-1854 ihren Höhepunkt. Ziele in Brasilien waren oft Petropolis und Porto Alegre. Wie schon nach dem Hambacher Fest (1832), so setzte auch nach dem fehlgeschlagenen Aufstand 1848 wieder eine Flucht nach Nordamerika ein;

deutschlandweit wanderten allein 1854 etwa 250.000 Menschen aus. Aber auch die Auswanderung nach Nordamerika hielt durch das ganze Jahrhundert hinweg an. Auslöser waren stets Unzufriedenheit mit den politischen Verhältnissen, wirtschaftliche Schwierigkeiten oder die Absicht, sich Zwängen zu entziehen, wie beispielsweise dem des Wehr- und Kriegsdienstes.

Wie groß die Fluktuation der Zu- und Abwanderung insgesamt war, zeigt der Eisenbahnbau, durch den um 1860 wieder italienische Arbeiter nach Rheinhessen kamen.

Anmerkung des Fotografen zum Bildteil

Vorweg gesagt...

...die Auswahl der Bilder erhebt nicht den Anspruch der Vollständigkeit. Das schafft man auch nicht in einem umfangreichen Bildband. Bei der Fülle der Motive aus ca. 135 rheinhessischen Gemeinden kann das nur ein Streifzug durch die Provinz sein.

Die Bilder zeigen Rheinhessen von heute, seine lebendige, wechselvolle Geschichte als Kulturland im Herzen Deutschlands – vieles renoviert, aufbereitet, neuen Nutzungen zugänglich gemacht.

Sie sollen neugierig machen, Anstöße geben für eigene Entdeckungen. Es lohnt sich! Viele Orte aus dem Inhalt des Buches werden sie hier wieder finden. Zur besseren Orientierung sind die Ortschaften alphabetisch geordnet.

Abenheim, Kapelle St. Michael

Alzey, Brunnen am Rossmarkt

Alzey, Stadtmauer mit Taubenturm

Alzey, Fischmarkt mit altem Rathaus

Alzey, Schlossturm, ehem. Gefängnis

Alzey,
ehem. lutherische Kirche,
die „kleine Kirche"

Alzey, Schild Burggrafiat

Alzey, Torbogen zur ehem. Burganlage

Badenheim, Fachwerkhaus
mit Kirche St. Philippus u.
St. Jacobus

Bechtheim, Wappen „Hessen und bei Rhein"

Bechtheim, Basilika

Bingen, Stefan-George-Haus

Bingen,
Büste Stefan-George

Bingen, Basilika St. Martin

Bingen,
Burg Klopp

Bingen, Drusus-Brücke

Bingen,
Rochus-Kapelle
mit Altar
(Grablegung Jesu)

Bingen, Mäuseturm

Dexheim, Backhaus

Dittelsheim-Heßloch,
ev. Kirche
Dittelsheim,
Heidenturm

Dexheim,
ev. Pfarrkirche

Eckelsheim, Beller Kirche

Erbes-Büdesheim, Schloss (Rote Burg)

Flomborn, Ortswappen

Flomborn, Rathaus

Erbes-Büdesheim, Postmuseum

Flonheim, jüdischer Friedhof

Flonheim, Trulli

Flonheim,
Barockportale

Gau-Bickelheim, am Römer

Gau-Bickelheim, Dorfgemeinschaftshaus

Flonheim,
Haus Hinkel

Gau-Bickelheim,
Rathaus

Gau-Odernheim, Realschule am Alten Schloss

Gau-Odernheim, Schreiberhaus

Geistermühle bei Flonheim Uffhofen

Herrnsheim,
St. Anna Kapelle

Herrnsheim,
Kirche Peter u. Paul

Hahnheim, Schloss

Herrnsheim,
Wingertshäuschen

Herrnsheim, Schloss

Hillesheim, ev. Pfarrkirche
(ehem. St. Martin)

Hof Iben, Kapelle

Ingelheim, Kaiserpfalz, Aula regia

Ingelheim, ev. Saalkirche

Neu-Bamberg, Kandelpforte, 14. Jh.

Ingelheim,
Kaiserpfalz

Neu-Bamberg,
Burgruine ab 1250

Nierstein, Eingang zur „Glöck“

Nierstein,
„Schönstes Eckchen“

Ober-Flörsheim,
Torturm

Nierstein, Paläontologisches Museum am Marktplatz

Ober-Flörsheim, Kommenturei

Ober-Flörsheim, mittelalterlicher Wohnturm

Ober-Flörsheim, Kriegerdenkmal, 1870/71

Ober-Hilbersheim, Rathaus

Ober-Hilbersheim, Kirche St. Josef (1883)

Oppenheim, Katharinenkirche

Oppenheim, Gautor (1566)

Oppenheim, Burgruine Landskron

Oppenheim, Marktplatz

Osthofen, Bergkirche

Osthofen, Rathaus

Osthofen, ehem. Lutherische Pfarrkirche

Pfeddersheim, „Springer“ oder Lenhardsturm

Pfaffen-Schwabenheim, Portal der kath. Kirche „Mariä Himmelfahrt“

Pfeddersheim, Bürgerturm

Pfeddersheim, kath. Pfarrhaus

Pfeddersheim, Simultankirche
Mariä Himmelfahrt

Rübenmühle (bei Wendelsheim)

Saulheim, Tafel zum Langen Stein

Siefersheim, Ajaxturm

Saulheim,
Langer Stein

Siefersheim,
Brandungskliff

Siefersheim,
evangelische Kirche

Sörgenloch, evangelische Kirche

Sprendlingen, Rathaus
(1604)

Sprendlingen, Straßenzug

Weinheim, Villa Heiligenblut

Weinheim, Kapellenberg

Weinheim, Weinbergsturm auf dem Heiligen Blutberg (Villa Heiligenblut)

Wendelsheim, Salmsches Schloss

Die „Teufelsrutsch" bei Wendelsheim, sagenumwoben – in der Nähe der Schinderhanneshöhle

Wendelsheim, Schild am Rathaus

Wendelsheim, Rathaus

Westhofen, Marktplatz mit kath. und ev. Kirche (ehem. Peter und Paul)

Wendelsheim, Weinbergturm

Westhofen, Bürgerhaus

Westhofen, Ehrendenkmal
zur Erinnerung an die Feldzüge
Napoleons 1812 - 1815

Wolfsheim, Wehrkirche

Wörrstadt, ev. Kirche

Wörrstadt, Napoleonstein

Wonsheim, spätbarockes Rathaus

Wörrstadt,
Tagelöhnerhaus, um 1750

Wörrstadt, ehemalige Posthalterei
(1806 - 1807)

Worms, Liebfrauenstift mit Weinberg „Kirchenstück“

Worms, Denkmal Cornelius Heyl

Worms, Schild Tempelbezirke

Worms, Stadtmauertor

Worms, Nibelungenbrücke,
das „Weintor zum Wonnegau"

Worms, Pauluskirche
mit Heidetürmen

Worms,
Dom (Kaiserportal)

Kaiser, Kriege, Republiken. Ab 1871 machten fast vierzig Jahre Frieden das Leben im neuen Kaiserreich unbeschwerter und das, obwohl es unter Reichskanzler Bismarck zu großen sozialpolitischen Auseinandersetzungen gekommen war. Jedenfalls klingen die Alltagsgeschichten jener Zeit besser als in den vorausgegangen Zeiten, und auch amüsanter:

So hatte 1906 der Schuster Vogt in Köpenick den Bürgermeister verhaftet, was Carl Zuckmayer 1931 im Schauspiel „Der Hauptmann von Köpenick" der Nachwelt überliefert hat. Auch die gern erzählte Anekdote über den Prozess zweier Bauern wegen eines Pferdehandels, der sich in die Länge gezogen hatte, passt in diese Zeit. Nach einem Termin in der Adventszeit sagte der Bauer, dessen Chancen zum Prozessgewinn sehr schlecht standen, seinem Anwalt, er wolle zu Weihnachten dem Richter eine Gans schenken. Vehement rügte der Anwalt dieses Ansinnen. Nach Neujahr kam dann die Sache erneut „vor", wie man in Rheinhessen einen Gerichtstermin bezeichnet. Kurz und bündig erklärte diesmal der Richter, dass er das Urteil verkünden würde, und welche Überraschung: der Bauer mit den schlechtesten Chancen hatte den Prozess gewonnen. Voller Stolz eröffnete er nach dem Verlassen des Gerichtes seinem Anwalt, dass er dem Richter trotzdem eine Gans zu Weihnachten per Post geschickt habe. Und ganz nebenbei sagte er dem verblüfften Anwalt, „unter dem Namen meines Prozessgegners, Herr Rechtsanwalt". – Dagegen war von großer Peinlichkeit, was einem anderen Anwalt, der indirekt das Opfer einer Modernisierung seiner Kanzlei geworden war, tatsächlich widerfuhr. Er hatte (vor 1900) den Abee, wie man damals zu dem Abort sagte, vom Hof in das Treppenhaus einbauen lassen, ohne Wasserspülung, die es noch nicht gab, aber mit abnehmbaren Klodeckel. Nach dem Verlassen seiner Kanzlei begab er sich vor jedem Gang zum Gericht regelmäßig auf dieses Örtchen, auf dessen großer Sitzfläche auch noch Platz für seine Aktentasche blieb. Und so kam eines Tages, was kommen musste. Der Anwalt erschien im Gericht und legte statt der Aktentasche, die an besagtem Örtchen verblieben war, den Klodeckel auf den Tisch im Sitzungssaal. Von seinem Missgeschick überrascht, brauchte er für den Spott nicht zu sorgen.

Ausgerechnet in jener Friedenszeit gab es zwischen 1880 und 1914 noch einmal viele Auswanderungen in die USA, meistens bei den damals noch kinderreichen Familien. Von ihnen wanderte nicht selten bis zur Hälfte des Nachwuchses aus. Arbeitslosigkeit oder politischer Druck konnten nicht der Grund dafür gewesen sein. Möglicherweise waren aber die Goldfunde in Kalifornien und die sich dort seit 1850 entwickelnden Wirtschaftszentren der Anreiz hierfür. Oft wurde auch versucht, dem heimatlichen Wehrdienst zu entgehen.

Nach dem verlorenen Weltkrieg 1914-1918 hatte Deutschland unter den Kriegsfolgen schwer zu leiden. Vor allem junge Menschen sahen in den USA die besten Chancen, diesen Zustand für sich zu beenden und dort einen Neubeginn zu wagen. Carl Zuckmayer (*1896 in Nackenheim; †1977) beschreibt in seiner Komödie „Der fröhliche Weinberg“ jene rheinhessische Zeit bürgerlichen Lebens um 1925 im dörflichen Umfeld.

Ab 1933 änderte sich die Lage, denn den Nationalsozialisten war es in kurzer Zeit gelungen, die wirtschaftlichen Verhältnisse nach der Weltwirtschaftskrise umzukehren. Bevölkerungspolitisch propagierten sie Kinderreichtum (mindestens vier Kinder pro Familie als Ziel) und begannen auch, ehemalige Auswanderer oder bedrängte Deutsche im Ausland „heim ins Reich“ zu holen.

Zeitgleich hatte aber in Deutschland auch ein Exodus begonnen. Mit der „Machtergreifung“, wie das NS-Regime seinen Regierungsbeginn nannte, war die jüdische Bevölkerung in den Fokus der gesetzlichen Schikanen geraten. Angefangen hatte es mit dem Boykott jüdischer Geschäfte, es folgte die sogenannte Bereinigung des Staatsapparates von Juden und 1935 die Einführung der Rassengesetze. Jüdische Bürger, die ein Gespür für die kommende Entwicklung hatten, verließen schon bald das Land. Für den überwiegend hier verbliebenen Teil, meist arme, alte und kranke Juden, endete das Leben nach der Deportation in den Gaskammern der Vernichtungslager. Betroffen waren auch Rheinhessens jüdische Bürger.

Noch während des Krieges (1939 - 1945) veränderte sich das rheinhessische Bevölkerungsbild weiter. Ausgebombte aus den Städten wurden aufs Land verbracht und aus den gefährdeten Grenzgebieten suchten die Ersten nach Bleiben im „Altreich“, womit damals Deutschland in den Grenzen von 1937 gemeint war. Vor den russischen Truppen waren viele Bewohner aus den östlichen Teilen des Reiches geflüchtet. Dieser Zustrom ging auch nach Kriegsende (1945) weiter und verstärkte sich noch durch die aus den Ostgebieten durch Polen und Tschechien Vertriebenen. Unter den Rückkehrern in das ehemalige Deutsche Reich (1939 - 1945), den Flüchtlingen, Vertriebenen und Spätaussiedlern in die Bundesrepublik (ab 1945) sind viele Ur-Ur-Nachkommen der ehemaligen Auswanderer ab dem 12. Jahrhundert in den Osten, und damit finden sich auch Namen aus damaliger Zeit wieder. Dass Heimatgeschichte und Genealogie zwei sich ergänzende Disziplinen sind, wird an solchen Ereignissen besonders deutlich. Anders ausgedrückt: vor der Kulisse des historischen Hintergrundes wird jede Familiengeschichte erst lebendig.

Das Zusammenleben zwischen Einheimischen, Flüchtlingen und Vertriebenen war nicht immer problemlos, aber es vollzog sich besser, als man es erwarten konnte. Ob es die rheinhessische Lebensart oder die Anpassungsfähigkeit der Flüchtlinge oder beides zusammen war, ist letzten Endes belanglos. Diese für die Familien- und Bevölkerungsgeschichte aber so wichtigen Ereignisse werden in den Familien viel zu selten schriftlich festgehalten und werden deshalb schnell vergessen. Dabei sind diese familiären Begebenheiten nicht nur spannend, sondern sie bringen die Geschichte auch näher.

Durch die Kriegs- und Nachkriegsereignisse war die Bevölkerung in Rheinhessen wieder ein Mal „neu gemischt“ worden, und dieser Prozess machte sich in vielen Lebensbereichen bald bemerkbar. Er begann mit der Währungsreform 1948, als die bisherigen Arbeitskräfte der Landwirtschaft mit dem dann einsetzenden „Wirtschaftswunder“ von der Industrie, die bessere Löhne zahlte, angelockt wurden. Auch die Kleinlandwirte wurden dann von diesem Sog erfasst und blieben nur noch im Nebenerwerb Weinbau und Landwirtschaft treu. – Infolge ihrer Technisierung sind aber heute Landwirtschaft und Weinbau nicht mehr in der Lage, die von der Industrie wieder freigesetzten, also nicht mehr benötigten Arbeitskräfte auf Dauer zu beschäftigen. Viele von ihnen würden diesen Rückweg auch nicht mehr finden, denn es hat sich in rund sechzig Jahren vieles verändert. Für die Bevölkerung der Jahre ab 2000 gibt es immer mehr Begriffe, mit denen viele nichts mehr anzufangen wissen, obwohl diese bis in die 1950er Jahre im Alltagsleben üblich waren. Damals gab es noch den Kolonialwarenladen – ein Begriff, der im 19. Jahrhundert für den Kaufladen aufgekommen war. Er bot Lebensmittel und Waren aus den Kolonien an. Üblich war auch die Spezereiwarenhandlung. Auch das war ein Lebensmittelgeschäft. „Spezerei" kommt aus dem Italienischen und meinte ursprünglich Gewürze. Der Kurzwarenladen führte Nähgarn, Näh- und Stecknadeln, kurzum alles, was zum Schneidern notwendig war. Schließlich gab es noch die Gemischtwarenhandlung, die (neben Lebensmitteln) alles für den täglichen Bedarf feilbot. Sie war im Kleinen ein Vorläufer des Supermarktes.

Die Zeit des Wiederaufbaus führte ab 1950 in ein starkes Wirtschaftswachstum mit Vollbeschäftigung. Als der eigene deutsche Arbeitsmarkt die notwendigen Kräfte nicht mehr beschaffen konnte, holten die Industriebetriebe dann mehr und mehr Arbeiter aus allen Teilen Europas. Von diesen Fremd- oder Gastarbeitern sind sehr viele hier längst heimisch geworden. Ab Mitte der 1980er Jahre ist Deutschland erneut in eine Zeit der Arbeitslosigkeit geraten und sieht sich wieder mit verstärkten Auswanderungen Deutscher konfrontiert.

Wie groß die Veränderungen in Rheinhessen wirklich sind, macht auch ein Vergleich mit den Namen deutlich. Stellt man ein beliebiges Einwohnerverzeichnis von 1938 einem Telefonbuch des Jahres 2000 entgegen, so erkennt man schnell, dass an die Stelle vieler alter Namen im letzten Drittel des vergangenen Jahrhunderts völlig neue Namen gekommen sind.

Damit hatte die Plauderei auch die
rheinhessischen Städte erreicht, durch deren Geschichte der
Bilbliothekar als Erzähler nun weiter führte...

Rheinhessen

Die Städte und ihr Umland

Besuchen – erkunden – erleben. Alle rheinhessischen Städte hatten im Lauf der Geschichte größere politische Bedeutung als heute. Aber das ist inzwischen vergessen, so gründlich, dass bis in die jüngere Vergangenheit ihre Namen nur Weinkennern insoweit ein Begriff waren, als sie „Alzeyer" „Oppenheimer", „Niersteiner", „Binger" und „Ingelheimer" nur mit Wein in Verbindung bringen konnten. Sonst war Rheinhessen weniger bekannt. Mit seiner Anbindung an zwei Autobahnen hat sich das verändert, und das Interesse für die Region wurde geweckt. Ihr Porträt kann in Kurzform so beschrieben werden:

Alzey

Alzey zählt zu den ältesten Städten Deutschlands. *Altiaia*, der (vermutlich) vorkeltische Name der Stadt, ist erstmals auf einem römischen Nymphenaltar vom 22.11.223 erwähnt. Bis zur Zerstörung (353) durch die Alemannen gehörte, wie der restaurierte Grundriss erkennen lässt, auch ein römisches Kastell zu dem Vicus. Der im Nibelungenlied genannte Fiedler „Volker von Alzei" ist ein weiterer Hinweis auf die Existenz der Stadt auch während der Burgunderzeit, die 436 durch die Hunnen ihr Ende fand. Mit Stolz führt Alzey deshalb den Beinamen „Volkerstadt", wenngleich der literarische Volker historisch noch nicht nachgewiesen werden konnte. Die Stellung einer „Hauptstadt" der Churpfalz erhielt Alzey im frühen 12. Jahrhundert, ehe 1214 Heidelberg zur Residenz erhoben wurde. Alzey blieb dann bis zum Beginn der napoleonischen Zeit (1798) Sitz des größten churpfälzischen Oberamtes. Die Zerstörungen im Dreißigjährigen Krieg (1618 -1648) und im Pfälzischen Erbfolgekrieg 1689 durch französische Truppen hatten nur wenige Gebäude überdauert. Die renovierte Nikolaikirche und Teile der restaurierten Stadtmauer sowie das 1900/03 wieder aufgebaute Schloss sind noch Zeugnisse aus der Zeit davor. Der mittelalterliche Stadtkern ist jüngeren Datums. Er ist nach der Zerstörung von 1689 (Wiederaufbau etwa 1705/10) entstanden.

Alzey, mit den Stadtteilen Dautenheim (Nachbildung einer 1905 entdeckten „Villa rustica" im Alzeyer Museum, das aufgegebene Kloster Weidas, an das eine Gedenktafel erinnert), Heimersheim, Weinheim („Blutberg" und Herrenhaus des Deutschen Ordens) und dem Weiler Schafhausen, hat

Rheinhessen

im ersten Jahrzehnt des dritten Jahrtausends etwa 18.800 Einwohner. Die Stadt ist Sitz der Kreisverwaltung Alzey-Worms.

„Rheinhessen schmeckt gut", eine Broschüre aus dem Jahr 2007, schreibt über Alzey: „Die mittelalterliche Stadt liegt mitten in Rheinhessen. Malerische Gassen und Plätze führen zu den historischen Sehenswürdigkeiten. Sie sollten sich die Zeit für einen kleinen, historischen Stadtrundgang nehmen. Alzeyer Schloss, Römerkastell, Nikolaikirche, Hexenbleiche, Roßmarkt, Burggrafiat oder das städtische Weingut sind nur einige interessante Stationen auf Ihrem Weg. Sehr empfehlenswert ist das Museum der Stadt Alzey."

Volker von Alzey

Die 24 Ortsgemeinden – Albig, Bechenheim, Bechtolsheim (Simultankirche), Bermersheim v.d.H. (Geburtsort der „Hildegard von Bingen"), Biebelnheim, Bornheim (Oswaldhöhe), Dintesheim, Eppelsheim (Dinotherium-Museum), Erbes-Büdesheim (Postmuseum), Esselborn, Flomborn, Flonheim (Aulheimer Tal, Adelberg-Trullo, Amthaus, Ev. Kirche), Framersheim (Weinlehr- und Wanderweg), Freimersheim, Gau-Heppenheim, Gau-Odernheim (Simultankirche), Kettenheim, Lonsheim (Aussichtsturm), Mauchenheim, Nack, Nieder-Wiesen, Ober-Flörsheim (Kommende des Deutschritterorden), Offenheim, Wahlheim – der Verbandsgemeinde Alzey-Land umschließen ringförmig die Kreisstadt und bilden so ihr Umland. Im östlichen Bereich liegen die ehemalige Reichsstadt

Gau-Odernheim und die Weinbaugemeinde Bechtolsheim zu Füßen des Petersbergs (246 m). Beide Gemeinden empfehlen sich mit ihren Simultankirchen und gut erhaltenen Fachwerkhäusern. Der Weinbau der Region verteilt sich auf die drei Bereiche Bingen (Bermersheim, Bornheim Erbes-Büdesheim, Flonheim, Lonsheim, Nack) Nierstein (Albig, Bechtolsheim, Biebelnheim, Framersheim, Gau-Heppenheim, Gau-Odernheim) und Wonnegau mit der Stadt Alzey und den verbleibenden Gemeinden.

Nordwestlich und westlich von Alzey beginnt der Bereich der VG Wöllstein mit den Orten Eckelsheim (Kräuterlehrpfad, Ruine „Beller Kirche"), Gau-Bickelheim (Kreuzweg zur Kreuzkapelle), Gumbsheim, Siefersheim (Ajaxturm, Kräuterlehrpfad, Wanderweg), Stein-Bockenheim, Wendelsheim (Rathaus und Schloss, Schinderhanneshöhle), Wöllstein und Wonsheim. Östliche Grenze der VG ist die Weinbaugemeinde Gau-Bickelheim, die am südlichen Fuß des 271 Meter hohen Wißbergs liegt. Nördlich wird der Wißberg von Sprendlingen und St.-Johann (Golfanlage auf dem Bergplateau), östlich von Gau-Weinheim begrenzt. Er ist sowohl geologisch als auch seiner guten Fernsicht wegen sehr interessant. Die Möglichkeiten einer vielfältigen Förderung hat eine Interessengemeinschaft Wißberg übernommen. Alle Gemeinden gehören zum Weinbaubereich Bingen.

Rheinhessische Schweiz

Dieses Landschaftsschutzgebiet umfasst den Staatsforst „Vorholz" (Gemeindebereiche: Erbes-Büdesheim, Nack, Nieder-Wiesen der VG Alzey-Land), die „Neu-Bamberger Heide", die VG Bad-Kreuznach (mit den Gemeinden: Frei-Laubersheim, Fürfeld mit Hof-Iben, Neu-Bamberg, Tiefenthal) und die „Teufelsrutsch" in der VG Wöllstein (und den Gemeinden Siefersheim, Stein- Bockenheim, Wendelsheim, Wöllstein und Wonsheim). Ein Wanderweg führt von Wöllstein durch das idyllische, romantische Appelbachtal nach Neu-Bamberg. Die andere Route beginnt in Wendelsheim. Sie führt durch das Wiesbachtal über die „Teufelsrutsch" nach Nieder-Wiesen. Der markierte Wanderweg verläuft dann über den Schniftenbergerhof und das Forsthaus Weißenstein zurück nach Wendelsheim. Vergrößert wird das Gebiet durch die Wanderangebote (Nordic Walking-Park), der kooperierenden oder angrenzenden, zum Zweckverband gehörenden Gemeinden: Offenheim, Bechenheim, Mauchenheim, Flonheim, Bornheim, Lonsheim und Orbis, Morschheim, Ober-Wiesen aus dem benachbarten Donnersbergkreis. Die Gemeinden der VG Wöllstein gehören im Weinbau zum Bereich Bingen.

Rund um den langen Stein

Der Hinkelstein an der „Pariser Straße", oberhalb von Ober-Saulheim, wird „langer Stein" genannt. Seine Bedeutung und Herkunft (etwa 1500 v. Chr.) lassen nur Vermutungen zu. Er steht im Bereich der Verbandsgemeinde Wörrstadt (Ev. Laurentiuskirche, Neunröhrenbrunnen, Thurn und Taxis Postgebäude, Ulmenring um den Ortskern) mit den Gemeinden Armsheim (Ev. Kirche), Ensheim, Gabsheim, Gau-Weinheim („Schiefer Turm"), Partenheim (Ev. Kirche, Schloss Wallbrunn „Partenheimer Bach"), Saulheim (Rathaus, Fachwerkhäuser, Mühlenweg „Saulheimer Bach"), Schornsheim (Heyerbaum, 350 Jahre alt), Spiesheim, Sulzheim (Katholische Kirche, „Micheltal"), Udenheim (Bergkirche), Vendersheim (Höhenwanderweg) und Wallertheim. Große Bedeutung hat auch hier der Weinbau. Die nördlichen Gemeinden zählen zum Bereich Bingen (Armsheim, Ensheim, Gau-Weinheim, Partenheim, Sulzheim, Vendersheim, Wallertheim, Wörrstadt), die südlichen zum Bereich Nierstein (Gabsheim, Saulheim, Schornsheim, Spiesheim, Udenheim). Alle Gemeinden der VG zählten bis 1938 zum Kreis Oppenheim. Vor der französischen Zeit waren die Churpfalz, Leiningen, die Kämmerer von Worms und etliche Fürsten die jeweiligen Ortsherren.

Bingen

Die Stadt liegt an der Mündung der Nahe in den Rhein, wo vier Weinanbaugebiete (Rheinhessen, Nahe, Mittelrhein und Rheingau) zusammentreffen. Bingen hat mit seinen Stadtteilen Bingerbrück, Büdesheim (Naturschutzgebiet „Hinter der Mortkaute"), Dietersheim, Dromersheim, Gaulsheim („Fulder Aue"), Grolsheim, Kempten, Münster-Sarmsheim und Sponsheim 24.850 Einwohner. Die Stadtteile Bingerbrück und Münster-Sarmsheim liegen jenseits der Nahe und damit geografisch außerhalb von Rheinhessen, was ein Ergebnis der Gebietsreform von 1969 ist. Die Wurzeln der Stadt gehen auf eine keltische Siedlung zurück, wo sich um 13 v. Chr. die Römer niederließen, die später ein Kastell und 77 n. Chr. eine Brücke (heute Drususbrücke) über die Nahe errichteten. Bingen wurde im Dreißigjährigen Krieg und 1689 (Erbfolgekrieg) gebrandschatzt. Im Verlauf seiner wechselvollen Geschichte gehörte Bingen bis zu den politischen Wirren und Veränderungen 1793/1798 (Franzosenzeit) zum Domkapitel Mainz.

Sehenswert sind: Mäuseturm (auf den Felsen des „Binger Loch" im Rhein), Rochusberg (247 m) mit Rochuskapelle, Burg Klopp, Brückenkapelle, Basilika St. Martin; ferner das Stefan-George-Haus, das Historische Museum am Strom und das 1998 eröffnete Hildegard-Forum. Die heilig gesprochene Hildegard von Bingen gründete die Klöster Ruppertsberg (1632 zerstört) und Eibingen (Rheingau). Als Theologin (Äbtissin), Heilkundige, Schriftstellerin und Komponistin war sie eine der bedeutendsten Frauen des deutschen Mittelalters.

Mittelrhein

Bingen ist im Rheintal Rheinhessens Grenze, oder anders formuliert: das „Tor" zum Mittelrhein, der seit 2002 zum UNESCO-Weltkulturerbe „Oberes Mittelrheintal" erklärt worden ist. Ein Teilstück mit der Stadt Bacharach am Rhein (Burg Stahleck) und den Gemeinden Breitscheid, Manubach, Münster-Sarmsheim, Niederheimbach, Oberdiebach, Oberheimbach, Trechtingshausen (u.a. Burg Rheinstein), Waldalgesheim und Weiler bei Bingen (Binger Stadtwald) liegt im Bereich der VG Rhein-Nahe mit Sitz in Bingen.

Gau-Algesheim

Die Stadt zählt 6.431 Einwohner. Sie ist Sitz der gleichnamigen Verbandsgemeinde mit den Orten Appenheim, Bubenheim, Engelstadt, Nieder-Hilbersheim, Ober-Hilbersheim, Ockenheim (Kloster Jakobsberg, Heimatmuseum) und Schwabenheim an der Selz. Gau-Algesheim teilt das Schicksal vieler rheinhessischer Gemeinden. Zweimal wurde der Ort im 17. Jahrhundert von Schweden (1632) und Franzosen (1690) durch Brand zerstört. Als Weinbauregion zählt die VG zum Bereich Bingen.

Sehenswert: Graulturm, Katholische Kirche, Wallfahrtskapelle im Stadtteil Laurenziberg, Rathaus, Schloss Ardeck (Fahrradmuseum). Außer dem Naturschutzgebiet „Gau-Algesheimer Kopf" bieten die Rundwege Rabenschule, Wein- und Panoramaweg, Dreibächeweg und der Rheinhöhenweg weitere Wandermöglichkeiten.

Südwestlich schließt sich die VG Sprendlingen-Gensingen mit den Gemeinden Aspisheim (Ev. Kirche), Badenheim, Gensingen (Flusspfad „Untere Nahe“ bis Bingen), Grolsheim, Horrweiler (Ev. Kirche, ehem. Wehrkirche, Weindorfmuseum), Sankt Johann (Ev. Johanniskirche, Golfplatz Wissberg), Sprendlingen (Heimatmuseum, Naturlehrpfad, Erlebnisweg, Sitz der VG), Welgesheim, Wolfsheim (Ev. Kirche, ehem. Wehrkirche) und Zotzenheim (Ev. Kirche) an. Die VG gehört weinbaumäßig zum Bereich Bingen. Verwaltungsmäßig gab es für einige Gemeinden schon verschiedene Kreiszugehöigkeiten. 1938 kamen Wolfsheim vom Kreis Oppenheim, Badenheim, Sprendlingen, St.-Johann, Welgesheim und Zotzenheim von Alzey zum Kreis Bingen.

Der rheinhessische Westen

Der rheinhessische Westen gehört seit der Kreisreform von 1969 mit den Ortschaften Biebelsheim, Frei-Laubersheim, Fürfeld, Hackenheim, Neu-Bamberg (Kandelpforte, Burgruine), Pfaffenschwabenheim (Augustiner-Chorherrenstift), Pleitersheim, Tiefenthal und Volxheim politisch zur Verbandsgemeinde Bad-Kreuznach. Die Gemeinden Bosenheim, Ippesheim und Planig kamen als Stadtteile zur Stadt Bad-Kreuznach. Alle Gemeinden der VG gehören weinbaumäßig zum Bereich Bingen mit den Großlagen „Rheingrafenstein“ oder „St.-Rochuskapelle“. Fürfeld, Frei-Laubersheim und Neu-Bamberg liegen im Landschaftschutzgebiet „Rheinhessische Schweiz“.

Ingelheim

Ingelheim am Rhein (ca. 25.000 Einwohner) ist Sitz der Verwaltung des Landkreises Mainz-Bingen, Chemiestandort der Boehringer-Gruppe und die deutsche „Rotweinstadt“. Sie ist eine noch junge Stadt. 1939 kam sie durch den Zusammenschluss von Ober-Ingelheim (Ingelheim-Süd), Nieder-Ingelheim (Ingelheim-Mitte) und Frei-Weinheim (Ingelheim-Nord) zustande. Inzwischen sind Ingelheim-West, Sporkenheim (Spargelanbau) und Groß-Winternheim als weitere Stadtteile hinzugekommen. Die größte Bedeutung erlangte Ingelheim vom 8.-12. Jahrhundert durch Karl d. Gr., Ludwig den

Frommen, Otto d. Gr. und Friedrich Barbarossa, die dort nach damaliger Übung als „reisende Herrscher" in der Kaiserpfalz temporär regierten. Ingelheims Rolle in der Reichspolitik war zu dieser Zeit bedeutender als die von Mainz und Worms. Ingelheim ist im Zweiten Weltkrieg unzerstört geblieben.

Sehenswürdigkeiten sind: Burgkirche, Saalkirche und Kirche St.-Remigius, Kaiserpfalz mit Museum, Erlebnispfad Jungaue, Ingelheimer Weinmeile.

Die Obstroute Rheinhessen

Diese Route führt, ausgehend von Ingelheim, vorbei an Naturschutzgebieten und historischen Wehr- und Kirchenbauten durch das rheinhessische Obstanbaugebiet. Die Route kreuzt sich mit dem Selztalweg, der Hiwwel-Route und der Veloroute Rhein. Die Obstroute verläuft mit einem Teilstück durch die Verbandsgemeinde Heidesheim am Rhein (St.-Georgskapelle und katholische Pfarrkirche, Burg Windeck) mit den Orten Heidesheim (mit Ortsteilen Heidenfahrt und Uhlerborn) und Wackernheim.

Touristisch interessant sind zwischen Mainz und Bingen die im Bereich Heidesheim/Ingelheim gelegenen Rheinauen und Rheininseln sowie der Rheinfußweg, ein alter Treidelpfad. (Von den Treidelpfaden aus wurden Schiffe durch Tier- oder Menschenkraft gegen den Strom gezogen.) Im Weinbau liegt die VG als Großlage „Kaiserpfalz" im Bereich Bingen.

Mainz

Gegenüber dem Zusammenfluss von Rhein und Main liegt die kreisfreie Stadt Mainz (185.000 Ew.) mit ihren Stadtteilen Bretzenheim mit Zahlbach, Ebersheim, Finthen, Gonsenheim, Hechtsheim, Laubenheim (Naturschutzgebiet), Lerchenberg (ZDF), Marienborn, Mombach (Naturschutzgebiet „Sand") und Weisenau. Durch die Stadt verläuft der 50. Grad nördlicher Breite. Mainz, die größte rheinhessische Stadt, ist Landeshauptstadt von Rheinland-Pfalz. Sie ist auch Bischofssitz (seit 747), Universitätsstadt und Sitz von ZDF und Südwestfunk. Mainz wirbt als „die Stadt mit vielen Gesichtern: die römische Legionsstadt mit antikem Theater und ältestem Gedenkstein nördlich der Alpen, das bischöfliche Mainz mit Dom, Kirchen und Adelshöfen, die Stadt Gutenbergs und aktueller Medienkultur, das moderne Mainz mit Universität, Fastnacht und Wein." Mainz war zwischen 975 und 1793

Mittelpunkt des religiösen und politischen Lebens in Deutschland, denn der jeweilige Mainzer Erzbischof war als Erzkanzler stets erster Reichsfürst des Reiches. Wer heute, Anfang des 21. Jahrhunderts, nach Mainz kommt, sieht nicht mehr, dass Mainz 1945 die am stärksten zerstörte Stadt in Rheinhessen war. Heute erschließen sich dem Besucher wieder eine Fülle interessanter Bauwerke und kultureller Einrichtungen:

Dom St.-Martin, St.-Stephanskirche mit Chagall-Fenstern, Landesmuseum, Bischöfliches Dom- und Diözesanmuseum, Gutenbergmuseum, Naturhistorisches Museum, Taberna archaeologica, Römisch-Germanisches Zentralmuseum, Museum für antike Schifffahrt, Stadthistorisches Museum, Fastnachtsmuseum, Ausstellung der Sektkellerei Kupferberg, Modellbaumuseum und Galerie Layenhof, Stadtpark, Staatstheater, Kammerspiele, Unterhaus. Die weinbautreibenden Stadtteile Ebersheim, Hechtsheim und Laubenheim zählen zum Weinbaubereich Nierstein.

Nordwestlich von Mainz grenzt die verbandsfreie Gemeinde Budenheim am Rhein mit 8.545 Einwohnern an die Landeshauptstadt. Vom 630 Hektar großen Lennebergwald (mit Lennebergturm) umgeben, liegt die Gemeinde Budenheim als nordöstlichste Begrenzung im Bereich „Obstgarten Rheinhessen“. Sie wird deshalb auch „Obst- und Blütengemeinde“ genannt. Interessant ist das zum Europareservat „Rheinauen“ gehörende Naturschutzgebiet.

Südsüdöstlich der Stadt Mainz schließt sich die VG Bodenheim mit den Orten Bodenheim (Weinlehrpfad, Heimatmuseum), Gau-Bischofsheim, Harxheim, Lörzweiler und Nackenheim (Wanderweg, Ortsmuseum) an und zählt im Weinbau zum Bereich Nierstein (Rheinfront). Kreszenzen mit den wohlklingenden Namen „Heiterbrünnchen“, „Pfaffenweg“, „Schlossberg“, „Königstuhl“ oder „Engelsberg“ kann man in den Weinstuben verkosten. Die Nähe der Gemeinden zum Rhein und die sich hier kreuzenden Rad- und Wanderwege (Nackenheim – Bodenheim – Nierstein – Roter Hang) bieten auch touristische Erlebnisse.

Radeln auf historischen Bahnlinien

Auf der zum Radweg ausgebauten ehemaligen Bahnlinie zwischen Bodenheim und Alzey verläuft die Radstrecke mit dem liebevollen Namen „Amiche" (auch „Bimbelbähnche"). Sie war eine der vielen mit Kosenamen bedachten Nebenbahnen, zu der auch das früher zwischen Undenheim und Nierstein fahrende „Valtinche" gehörte. (Kosenamen hatten auch diese Strecken: Worms-Offstein „Offsteiner Schneck", Osthofen-Westhofen „Wissegickel", Ingelheim-Jugenheim/Partenheim „Zuckerlottche" und Sprendlingen-Fürfeld „Bawettche"). Der Rundweg kreuzt in Friesenheim den Selztal-Radweg.

Selztal-Radweg

Der Selztal-Radweg führt entlang der Selz (von Alzey bis Ingelheim) als eine auch für ungeübte Radfahrer ideale Route. Die Mitte der Stecke verläuft durch das Gebiet der VG Nieder-Olm mit der seit November 2006 jüngsten rheinhessischen Stadt Nieder-Olm (Hallen- und Freibad Rheinhessenbad, Heimatmuseum „Schmiede Wettig") und den Gemeinden Essenheim, Jugenheim, Klein-Winternheim, Ober-Olm, Sörgenloch, Stadecken-Elsheim (Ruinen der Burg Stadeck und des Elfmägdeturmes) und Zornheim (mit 214 m ü. N. zweithöchste Weinbaugemeinde in Rheinhessen). Die VG bezeichnet sich als „Das Tor zum Rheinhessischen Hügelland" mit einer bevorzugten Wohngegend, was sich in einem starken Bevölkerungszuwachs widerspiegelt. Als Weinbaugemeinde mit den Großlagen „Domherr" und „Gutes Domtal" gehören fast alle Gemeinden zum Bereich Nierstein. Jugenheim zählt als einzige Gemeinde mit der Großlage „Kaiserpfalz" zum Bereich Bingen. Interessant ist der Blick in die geschichtliche Vergangenheit der Verbandsgemeinden: Essenheim und Stadecken-Elsheim waren früher churpfälzisch, Klein-Winternheim, Nieder- sowie Ober-Olm und Zornheim gehörten zum Gebiet Chur-Mainz, Jugenheim zu Nassau-Saarbrücken, und in Sörgenloch regierte der Baron von Köth-Wanscheid.

Oppenheim

Der Merianstich von 1655 lässt erahnen, wie herrlich die vormalige Reichsstadt und churpfälzische Oberamtsstadt Oppenheim am Rhein vor ihrer Einäscherung 1689 durch die französischen Truppen Ludwig XIV. einmal war. Schon im Dreißigjährigen Krieg hatte sie durch spanische und schwedische Truppen schwer gelitten. Erst um 1710 setzte der Wiederaufbau der zerstörten Stadt zögernd ein. „Die Unterwelt von Oppenheim" meint das erst vor wenigen Jahren wiederentdeckte Kellersystem unter der Altstadt, dessen weitverzweigtes Labyrinth bis zu fünf Stockwerke in die Tiefe reicht. Es ist im frühen Mittelalter entstanden. Oppenheim hat 6.863 Einwohner und bietet Geschichte auf Schritt und Tritt: Deutsches Weinbaumuseum im ehemaligen Tempelherrenhof, Katharinenkirche, Beinhaus, Ruine der Reichsburg „Landskron".

Die Stadt ist Sitz der VG Nierstein-Oppenheim mit den Orten Dalheim, Dexheim, Dienheim, Friesenheim, Köngernheim, Mommenheim (Golfanlage), Nierstein (Sironabad, Paläontologisches Museum, Burgruine Schwabsburg, Flügelbachweg bis Mommenheim), Selzen, Undenheim. Als Wanderwege sind der Drei-Türme-Wanderweg (beginnend bei Dexheim durch die Niersteiner Weinberge) und der Fußweg „im Roten Hang" (bis Nackenheim und Bodenheim) mit herrlichen Weitblicken in die Rheinebene zu empfehlen. Nierstein ist Namensgeber für die gleichnamige Großregion. In ihrem Kerngebiet sind „Glöck", „Sackträger" und „Paterhof" einige ihrer bekannten Weinlagen.

Rheinterrassenroute und Rheinradweg

Diese Radwege führen durch das Oppenheimer Umland als Teile der entlang des Rheines führenden Veloroute von Basel bis Mainz. Vor Oppenheim vereinigen sich beide Wege in Richtung Mainz. Der Radtourist hat, von Worms kommend, die Wahl zwischen der Route entlang des Rheines oder der Fahrt durch idyllische Weinorte und Rebenhänge durch den Wonnegau. Vorher verläuft die Route mit dem Teilstück Veloroute durch die Verbandsgemeinde Guntersblum. Zu ihr gehören die Orte Dolgesheim, Dorn-Dürkheim, Eimsheim, Guntersblum (Ökologischer Lehrpfad, Weinlehrpfad), Hillesheim, Ludwigshöhe (Panoramaweg mit Weinlehrpfad), Ülversheim (Rebmustergarten), Weinolsheim und Wintersheim. Ein besonderer Höhepunkt ist das alljährliche Kellerwegsfest im August in Guntersblum, das stets viele Besucher aus nah und fern in Feierlaune bringt. Die VG gehört zum Weinbaubereich Nierstein. Die Gemeinden Guntersblum, Dolgesheim und Ülversheim (früher Waldülversheim) haben aus Leininger Zeiten eine gemeinsame Vergangenheit. Dorn-Dürkheim, Eimsheim, Weinolsheim und Wintersheim waren bis 1798 churpfälzisch, Hillesheim gehörte zur Grafschaft Falkenstein und Ludwigshöhe (bis 1823 Rudolsheim) war einst im Besitz der Junker von Dienheim.

Osthofen

1933 wurde Osthofen „über Nacht" gefürchtet, als die Nationalsozialisten nach ihrer Machtergreifung ein ehemaliges Fabrikgelände zum ersten Konzentrationslager im damaligen Hessen machten. 1983 ließ das Land Rheinland-Pfalz an gleicher Stätte das NS-Dokumentationszentrum KZ Osthofen mit der Dauerausstellung: „Rheinland-Pfalz – Die Zeit des Nationalsozialismus in unserem Lande" errichten. Der im Dreißigjährigen Krieg schon früh von den Spaniern niedergebrannte Ort wurde im Jahre 1666 von der Pest ein weiteres Mal schwer heimgesucht und war dann bis etwa 1670 menschenleer.

Osthofen (Kreis Alzey-Worms), das zirka 8.800 Einwohner zählt, erhielt 1970 die Stadtrechte. Der 784 erstmals erwähnte Ort liegt im „Wonnegau" und ist dessen größte Weinbaugemeinde. Im Kern der Weinstadt sieht man historische Toreinfahrten zu den Winzerhöfen. Schon weithin sichtbar ist die Bergkirche auf dem 120 Meter hohen Goldberg.

Nordwestlich grenzt die Stadt an die VG Westhofen mit den Gemeinden Bechtheim (Brunnenweg, Romanische Basilika, Pilgerweg), Bermersheim, Dittelsheim-Heßloch („Heidenturm", Kloppberg), Frettenheim, Gundersheim (Naturschutzgebiet „Rosengarten"), Gundheim, Hangen-Weisheim (Altes Posthaus), Hochborn, Monzernheim und Westhofen (Puppenmuseum des Heimatvereins, museal eingerichtete Räume – u.a. Jagdzimmer, Archiv v. 1848/49 der Westhofer Freischärler, Pulverturm, Seebachquelle) im Herzen der Weinbauregion Wonnegau. Im Angebot der vielen Gasthöfe und Weinstuben lassen Namen wie „Höllenbrand", „Hungerbiene" oder „Pilgerpfad" Geschmackserlebnisse erwarten.

Auf Müllers Spuren am Bachlauf

Dies ist eine Wegstrecke von Framersheim (Selz) bis Gimbsheim (Rhein), die sich mit der Veloroute und dem Selztal-Radweg ideal verbindet und als Teilstück durch die Verbandsgemeinde Westhofen verläuft.

Fachwerkhaus in Mettenheim

Der Eicher See

Der Eicher See liegt in der Verbandsgemeinde Eich mit Alsheim und dem OT Hangen-Wahlheim, Eich, Gimbsheim, Hamm (Golfanlage) und Mettenheim. Das Naturschutzgebiet Altrhein mit einer interessanten Fauna und Flora ist durch die ursprünglichen Seitenarme des Rheins entstanden. Das heutige Naherholungsgebiet „Eicher See" hat als Wassersportgebiet direkten Zugang zum Rhein. Gegenüber von Gimbsheim liegt auf hessischer

Seite die durch die Begradigung des Rheins entstandene Insel „Kühkopf", ein weiteres Naturschutzgebiet. Von hier aus erzwang König Gustav II. Adolf von Schweden 1631 den Rheinübergang, woran ein Denkmal erinnert.

Wander- und Naturfreunde können in Mettenheim und Alsheim im „Naturparadies Hohlwege" zwischen meterhohen Lösswänden ein weiteres Stück Erdgeschichte erleben. Informationstafeln erläutern auf den Wanderwegen diese geologische Besonderheit. „Frühmesse", „Michelsberg" oder „Schlossberg" sind bekannte Weine aus den Lagen der VG, die zum Bereich Nierstein zählen.

Worms
Die einstmals Freie und Reichsstadt Worms (Stadtteile Abenheim, Heppenheim a.d. Wiese, Herrnsheim (Schloss), Hochheim, Horchheim, Ibersheim, Leiselheim, Neuhausen, Pfeddersheim (frühere freie Reichsstadt), Pfiffligheim, Rheindürkheim, Wiesoppenheim, Weinsheim) liegt an der Mündung von Eisbach und Pfrimm in den Rhein. Die heutige kreisfreie Stadt (81.200 Ew.) ist eine der denkwürdigsten Stätten des Abendlandes und gilt als älteste Reichsstadt in Deutschland. Hervorgegangen ist sie aus dem keltischen Ort Borbetomagus, der etwa 71 v. Chr. von den germanischen Vangionen zu ihrem Zentrum erhoben und dann von Cäsar (50 v. Chr.) erobert wurde. Mit der Führung „Zu Fuß durch zwei Jahrtausende" wird diese Vergangenheit wieder lebendig: Worms war Hauptstadt der Burgunder (436) und Handlungsort des Nibelungenliedes (Hagendenkmal) sowie Bischofssitz bis 1805. Zwischen 800 und 1521 kamen die Deutschen Kaiser zu mehr als 100 Reichs- und Fürstentagen. Nach dem Lutherreichstag (1521) ging die Bedeutung von Worms mehr und mehr verloren. Im Dreißigjährigen Krieg wurde Worms nur mäßig zerstört, dafür umso gründlicher 1689 durch französische Truppen im Erbfolgekrieg. Schwere Zerstörungen gab es auch im Zweiten Weltkrieg (21.02.1945) durch Bombenangriff.

Sehenswürdigkeiten und kulturelle Einrichtungen: Dom St.-Peter, Dreifaltigkeitskirche, Liebfrauenkirche, Magnuskirche, Synagoge, Jüdischer Friedhof, Jüdisches Museum im Raschi-Haus, Städtisches Museum,

Kunsthaus Heylshof, Lutherdenkmal, Nibelungenmuseum. Die Wormser Weine zählen zum Bereich Wonnegau.

Südlicher Wonnegau
Die VG Monsheim mit den Ortschaften Flörsheim-Dalsheim (Ortsbefestigung, Weinbaumuseum, Fachwerkhäuser), Hohen-Sülzen (Rathaus), Mölsheim (Weinwanderweg, Ehrenmal an der „Panoramastraße Zellertal"), Mörstadt, Monsheim, Offstein (Zuckerfabrik) und Wachenheim (Wohnturm, Heimatmuseum) ist im Südlichen Wonnegau das „Tor zum Zellertal" und bildet mit den Bachtälern von Eisbach und Pfrimm die Grenze zur Pfalz. Neugierig machen den Besucher auch die Wonnegauer Weine mit den vielversprechenden Lagebezeichnungen wie: „Kirchenstück", „Nonnengarten" oder „Schwarzer Herrgott", um nur einige zu nennen. Der Zellertalradweg „Zwischen Rhein und Donnersberg" ist von der Rheinterrassenroute, der Mühlenroute, der Hiwwel-Route und der Route „Kraut und Rüben" aus gut erreichbar. Zwischen Monsheim und Langmeil (Pfalz) verbindet in der Sommerzeit an Sonn- und Feiertagen die Zellertalbahn zwei Regionen (Rheinhessen und Pfalz) In einem Prospekt lädt der Verkehrsverein Südlicher Wonnegau in Monsheim mit dem Schlusssatz ein: „Am besten, Sie machen sich selbst ein Bild von der Verbandsgemeinde."

Diese Einladung gilt natürlich für die gesamte Region Rheinhessen, denn es gibt, da hier nicht jede Einzelheit beschrieben werden konnte, noch vieles zu entdecken.

Rheinhessen – altes Siedlungsland. Vieles, was an die Vergangenheit erinnert, ist in alten Namen von Generation zu Generation überliefert worden. Aber auch die Denkmäler, welche die Natur selbst geschaffen hat, bezeugen ihr Wechselspiel von Kommen und Gehen. Von solchen erdgeschichtlichen Schätzen hat Rheinhessen viel zu bieten.

Nicht unerwähnt dürfen in dem „Land der 1000 Hügel" die höchsten Erhebungen bleiben. Höchster Punkt ist der Kappelberg (358 m), der im Vorholz bei Bechenheim (weinbautreibender und höchstgelegener rheinhessischer Ort) gut versteckt ist. Dagegen sind der Petersberg (246m) und der Wissberg (271 m) weithin sichtbar. Weitere Erhebungen sind der Rochusberg (242 m) bei Bingen, Westerberg und Waldeck (247 m) bei Ingelheim, der Jakobsberg (273 m) bei Ockenheim, der Kloppberg bei Dittelsheim, der Rabenkopf bei Wackernheim und der Mühlberg bei Neu-Bamberg.

An die geologische Vergangenheit als Meeresbuchten im Tertiär erinnern in Eckelsheim Teile eines Brandungskliffs, im Alzeyer Stadtteil Weinheim die „Trift", und in Eppelsheim überrascht ein kleines, liebevoll gestaltetes Dinotherium-Museum mit Funden dieses Erdzeitalters. Lehmgruben und Steinbrüche in Flonheim, Gundersheim, Sprendlingen, Wallertheim, Weinheim, Weisenau und Wöllstein sind ebenfalls sichtbare Zeugnisse der frühen Erdgeschichte. Aber auch der Rhein selbst ist ein Zeuge dieser erdgeschichtlichen Vorgänge.

Von den Menschen der Steinzeit bis zu den Kelten kennt man keine Namen. Ihre frühe Anwesenheit ist aber durch beachtliche Funde, die in den rheinhessischen Museen gezeigt werden, bewiesen. Erste Namen sind von den Römern bekannt geworden.

Neben den keltischen Zeugnissen in den Museen erinnert in Rheinhessen auch die ein oder andere Keltenstraße an sie. Dass die Bratwurst ihre Erfindung ist und das Haltbarmachen von Fleisch mittels Salz auch auf die Kelten zurückgeht, ist kaum noch bekannt. Auch viele Geräte der Landwirtschaft und des Alltags wurden von ihnen entwickelt, und sie waren die Namensgeber für Rhein, Selz und einige Städte. Dass die Hunnen das Sauerkraut mit hierher gebracht haben sollen, macht die Erinnerung an sie und ihre Brandschatzungen auch nicht besser.

Wenn vom Wonnegau, dem Landstrich rund um Osthofen die Rede ist, wird damit Sonne und Fruchtbarkeit des Bodens in Verbindung gebracht. Tatsächlich geht dieser Name auf Vangionum zurück, ein Siedlungsraum, der sich 71 v. Chr. um die heutigen Städte Worms, Alzey und Bad-Kreuznach erstreckte.

Mit „Nibelungenstadt" Worms und „Volkerstadt" Alzey pflegen beide Städte die Erinnerung an das im Nibelungenlied verklärte und von den Hunnen zerstörte Burgunderreich.

Vieles weist in Rheinhessen noch immer auf die Römerzeit hin. Alzey und Mainz haben je einen „Kästrich" als eine Straßenbezeichnung, was von castrum (lat.: Lager) hergeleitet ist, und auch „Kastell" (lat. castellum = kleines Lager) in den Städtenamen rührt von den ehemaligen römischen Befestigungen her. An Drusus erinnert die Drususbrücke in Bingen und an Trajan eine Straße in Mainz. Die Bedeutung von Mainz als römische Garnisons- und Grenzbastion haben zufällige Grabungsfunde (1981/82) bei Bauarbeiten noch einmal eindrucksvoll bestätigt, als man neun Schiffe am Rheinufer in der Erde entdeckte, die einmal zur römischen Donauflotte gehörten und mit Holz aus dem Odenwald in Mainz erbaut worden waren. Überall in Rheinhessen ist römisches Erbe hinterlassen, und selbst als Weinglas (Römer) oder als Name für manche Weinstube bleiben sie eine Erinnerung daran.

Versteckter ist das Erbe unserer Vorfahren, der Franken. Hinweise auf sie finden sich, wie schon erwähnt, noch in den Ortsnamen „heim" und „hofen" und an der als „Straßendörfer" zu erkennenden Bauweise. Fränkische Bauwerke der späteren Epochen sind auch die sogenannten Pfalzen, die im Mittelalter als Königshöfe erbaut worden sind, wie in Ingelheim („Saal"). Aus gleicher Zeit stammen auch die Reste einer Wasserleitung bei Heidesheim, die einmal nach Ingelheim führte.

Nicht nur in den Städten finden sich solche historischen Denkmäler, auch die rheinhessischen Orte stehen da nicht nach: In Ober-Flörsheim erinnert die heutige Kommenturei, ein Wohnviertel mit teilweise historischen Bauten, an die dort einmal als Geviert bestandene Kommende (Komtur) des Deutschritterordens, der dort von 1237 bis 1798 waltete, das Schloss Wallbrunn in Partenheim an seine ehemaligen Ortsherren. Das Salmsche Schloss zu Wendelsheim stammt aus der Zeit der Wild- und Rheingrafschaft. Der zu Fürfeld gehörende Ortsteil Hof Iben mit der in Resten noch erhaltenen Kapelle geht auf eine Gründung (etwa um 1240) des Templerordens zurück. Mittelalterliche Wehrmauern sind in Wachenheim und fast vollständig noch in Flörsheim-Dalsheim erhalten. Die Bergkirche Udenheim, die Burgkirche Ingelheim, das Augustiner Chorherrenstift in Pfaffen-Schwabenheim, die Burgruinen in Neu-Bamberg, Nierstein-Schwabsburg und Oppenheim sind, wie noch vieles in Rheinhessen, Zeugnisse einer bewegten Vergangenheit. So zeigen die sogenannten „Heidentürme“, die maurischer Bauweise nachempfunden sind, den Weg in die Zeit der Kreuzritter und lassen vermuten, dass auch Rheinhessen damals mit im Land der Sarazenen waren. Solche Heidentürme sind in Alsheim, Dittelsheim, Guntersblum und Worms zu finden.

An Mittelalterliches erinnern vielerorts noch Flurnamen. Armsünderweg, Galgenberg oder Galgenwiese besagen, dass sie einmal Richtstätten waren, und die Hexentürme, einst Wehrtürme, waren die Verliese für arme Frauen, die dort eines grausamen Endes harrten. Treffend bezeichnet die Bluthohl, eine Pfeddersheimer Flur, was sich bei der Niederlage der aufständigen Bauern 1525 dort einmal zugetragen haben muss. Und die Weinlage Bechtheimer Pilgerpfad hat ihren Namen erhalten, weil diese Flur von alters her Teilstück eines Wallfahrtsweges ist, der von Worms kommend nach Aachen führt. Andererseits wird er vielfach auch als Teilstück des Weges nach Santiago de Compostela beschrieben. Zwischen Dittelsheim-Hessloch und Worms-Herrnsheim kann eine 14 km lange Strecke dieses europäischen Weggeflechtes als Tagestour genutzt werden. Damit stellt sich die Frage nach den Qualitäten, die Rheinhessen zu bieten vermag. Richtig ist, dass Rheinhessen ein Reise- und Urlaubsland anderer Art ist. Für wander- oder weinfreudige sowie für geologisch und geschichtlich interessierte Besucher ist es eine Fundgrube, und weil Berge, Wald und Wasser fehlen, wird kein Massentourismus stören. Das ist ein Vorteil für die Region.

Sorgenfrei verlaufen diese Bemühungen, Anschluss im Wettbewerb zu haben, nicht. Die Zeichen der Zeit lassen für die Zukunft tief greifende Neuerungen auf vielen Gebieten erkennen. Gemeint ist Europa – was große Hoffnungen weckt und ebenso viele Ängste nährt. Erfreulich ist deshalb das Bemühen derer, die Althergebrachtes, wie man Tradition auch beschreiben kann, in einer Zeit rasanter Veränderungen zu bewahren suchen. Denn kulturelles Erbe ist in Rheinhessen überall zum Greifen nahe und der Wunsch, es zu erhalten, ist in der Bevölkerung groß.

In der Weinstube hatte die gute Stimmung auch den „runden Tisch“ erreicht, wo mit dem ein oder anderen Gläschen Wein weiteres zur Sprache kam. Die Mundart war das Stichwort für einen Experten am Tisch, einem promovierten Dr. med. vet., den „Dokterkarl“, der sich dem rheinhessischen Dialekt verschrieben hatte. Bis zur Abschaffung der Viehhaltung in Rheinhessen praktizierte er als Tierarzt und hatte mit „seinen“ Bauern stets in deren Sprache, dem landläufigen Dialekt, geredet. Als ein „lebendes Lexikon“ kam er so mit seinem Lieblingsthema zu Wort. Nun versuchte er, das dem Gästepaar „se expleziere orre dodevun wenigschtens e bissje was bei se bringe“...

Rheinhessen
Unser Dialekt: Deitsch ohne Schnerkel

Zunexscht muss mär emol saa, dass „rhoihessisch“, so wie mer's immer lese kann, net rischdisch sei kann. „Rheinhesse“ wärd nemlich net wie „ei“, awwer ach net als „oi“ gesproch. De rischdisch Klang vun dem Ton leit dezwische un den kann halt ka Mensch schreiwe. Losse mers also dodebei un schreiwens so wie schun immer. Dass awwer aach alle Leit vesteh kennen, wass gemant is, geht's jetz im e Mischmasch zwische Dialekt un hochdeitsch e mol so un e mol so weire. Vorhär awwer noch dess: Wär Dialekt kann, is e Rhoihess un babbelt net hochgestoche.

Dieser dargestellte Text ist Alzeyer Dialekt, wie er im Zentrum Rheinhessens gesprochen wird und sich deshalb als Kompromisslösung zwischen den Mainzer und Wormser Mundarten anbietet. Denn wie jeder andere Landstrich hat auch Rheinhessen keine einheitliche Mundart. Der rheinhessische Dialekt mag für Fremde gleich klingen, aber Einheimische können da schon deutlich unterscheiden. Mundart ist lebende Sprache, sie verändert sich ständig und ist doch von Ort zu Ort anders. Deshalb ist sie so interessant und stark im Ausdruck.

Das Unterschiedliche der Sprache in dieser kleinen Region lässt sich an einigen Worten skizzieren. Die Wormser sagen zu ihrem Stadtteil Pfiffligheim „Pifflicum“, die Alzeyer hingegen „Pifflischem“, und in Mainz gibt es „Meenzer“ und „Mänzer“ als Bürger einer Stadt. Zu Essenheim, das der Rheinhesse „Essenem“ spricht, sagen die Einwohner aber „Eesenem“. Trotz aller Verschiedenheit gilt aber für das meist „Treffende“ im Dialekt insgesamt: *Ess basst, wie e Fauscht uff's Ah.*

Seit wann wird rheinhessisch gesprochen?

Niemand kann diese Frage zuverlässig beantworten. „Rheinhessisch“, sowohl mit dem Hessischen als auch mit dem Pfälzischen sehr eng verwandt, ist eine Version des Rheinfränkischen. Die Stufen seiner Entwicklung sind gleichverlaufend mit dem Deutschen an sich zu sehen (Althochdeutsch etwa von 750 - 1050, Mittelhochdeutsch 1050 - 1350, Frühhochdeutsch 1350 - 1650 und Neuhochdeutsch seit 1650). Möglicherweise ist das von Juden gesprochene Jiddisch ein Hinweis auf das Rhein-Main-Gebiet als Ursprung.

Jiddisch hat nämlich vieles dieser Mundarten in seinem Vokabular, was kein Zufall sein kann, und dessen Entstehung wird zwischen 1000 und 1500 angenommen. Der Anfang der Rheinfränkischen Dialekte muss deshalb noch früher gesehen werden.

Mundart und Einfluss der Franzosenzeit

Weil wir die Ur-Mundart nicht kennen, bleibt zunächst einmal zu fragen, inwieweit die Einwanderungen nach dem Dreißigjährigen Krieg auf diese Entwicklung der Mundart Einfluss hatten. Die Siedler aus Frankreich, der Wallonie und Italien, damals die „Welschen" genannt, mussten wohl oder übel die Mundartsprache der noch wenigen Einheimischen annehmen. Über Art und Klang dieses Dialektes wissen wir nichts. Anzunehmen ist aber, dass er sich von damals mehr oder weniger bis ins 20. Jh. mit den durch die französische Zeit (1798 - 1815) bedingten Einflüssen erhalten konnte. Vielleicht kommt das Deutsch der in Brasilien und Ungarn lebenden Nachkommen von Pfälzer Auswanderern der Epoche um 1800 am nächsten, und damit steigen wir in diese Zeitspanne ein.

Die größte Enttäuschung für die Mehrheit der damaligen Bevölkerung kam mit der Einführung des Französischen als Amtssprache, denn die deutsche Muttersprache wollten die Rheinhessen auch als französische Bürger nicht aufgeben. Tatsache bleibt deshalb, dass sich die französische Sprache außerhalb der Behörden nicht etablieren konnte. Dennoch hat sie paradoxerweise den rheinhessischen Dialekt stark beeinflusst. Die gelegentlich anklingenden Nasallaute gehören als Bestandteil dazu. Eingeflossen sind vor allem aber jene französischen Worte und Begriffe, die die eigene Sprache verkürzen konnten. Jean (Schaa) wurde für Johann übernommen und aus Georg wurde Schorsch. Die Rheinhessen machten damals ihr eigenes „Französisch", von dem sich viel bis in das 21. Jh. halten konnte. Um die Grammatik scherten sich diese einfachen Leute nicht (es gab noch viele Analphabeten) und so entstanden recht interessante Wortschöpfungen. „Montur", „Möblemah", „Parablü", „Portmanee", „Troddwar", „Botschamber" und „Schossee" sind da zu nennen. Aus lavoir machten sie kurzerhand „Waschlawor" und meinten damit die „Wäschschissel mit de Kann", und mit „Herr Nodär" wurde der Notar angesprochen. Der Gerichtsvollzieher war bis in die 30er Jahre des vergangenen Jahrhunderts landläufig noch immer der „Hußjee", der Beigeordnete „de Adjunkt" und aus dem französischen aller (gehen) wurde das noch immer übliche „alla" mit vielseitiger Verwendung. Jeden Amtsschreiber nannten die Rheinhessen „Greffche", obwohl der greffier ein Gerichtsschreiber ist. Vielleicht haben hier die früheren Gerichte auf Ortsebene zu dieser Auslegung geführt. Aus toupet wurde „Dubbeh" und wer im Handumdrehen etwas erledigte, machte das „aus de Lamäng", hergeleitet von la main.

Im Militärischen haben sehr viele französische Bezeichnungen längst Eingang in fast alle Sprachen der Welt gefunden. Interessant sind aber jene Worte, die noch zum Sprachgebrauch der Veteranen des Ersten Weltkrieges gehörten, inzwischen aber hier kaum noch zu hören sind. Es sind dies: Sergeant (Stabsunteroffizier), Chevauleger (leichte Kavallerie) und Train (Transporteinheit). Rheinhessisch wurden und werden sie „Scherchant", „Schwollescheer" und „Dräng" gesprochen, und kein „studierter" Rheinhesse hätte es anders gehalten. Auch das ist „escht rhoihessisch" gewesen, aber längst nicht mehr üblich.

Bei den Behörden machte die mundartliche Verständigung normalerweise keinerlei Schwierigkeiten. Probleme gab es allerdings, wenn durch Versetzungen ortsfremde Beamte damit konfrontiert wurden. So hatte ein Assessor, der mit dem Dialekt seine Schwierigkeiten hatte, als Richter einen Zeugen namens Lahr zu befragen. Deshalb noch diese Erläuterung: Rheinhessisch wird das „a" zwischen a und o gesprochen, was der Richter natürlich nicht wissen konnte. „Wie heißen Sie", fragte der Richter. „Loahr" sagte der Zeuge. „Lahr oder Lohr", fragte er zurück. Lahr antwortete: „Mit oa Herr Richter." Dieses Spiel ging eine Weile hin und her und war im Dialog nicht zu beenden. Dann sagte der Zeuge, dem es reichte: „Ich kann Ihne mei Name ach uff e Wisch schreiwe!"

Viel von seiner Ursprünglichkeit hat der rheinhessische Dialekt inzwischen verloren. Er hat sich angepasst. Während beispielsweise die Bayern ihren Dialekt pflegen und kultivieren, fanden viele (Neu-) Rheinhessen ihn umgangssprachlich nicht chic, oder sie sahen sich beruflich zum Hochdeutschen veranlasst. Das trifft vielleicht am stärksten auf Mainz zu, wo durch die Konzentration an Behörden und dem Sitz der Medien die Altrheinhessen schon eine Minderheit geworden sind. Inzwischen ist das Hinterland dabei, „aufzuholen". Aber auch der Zuzug von Flüchtlingen und Vertriebenen nach 1945 hat zu einer sprachlichen Vermischung beigetragen. Dass die Mundart inzwischen wieder populärer wird, verdankt sie einem Trend, der in ihrem Schwinden mehr als nur den Verlust der Mundart sieht und deshalb gegenzusteuern versucht. Was die Mundart auszudrücken vermag, können einige Worte besser vermitteln als jede noch so gute Erklärung. Hier einige Originalitäten:

In einem größeren Dorf war ein Familienname besonders häufig verbreitet. Einer dieser Namensträger hatte die Angewohnheit, wichtiges mit Kopfdrehen zu betonen. Zur Unterscheidung wurde er deshalb mit dem Uznamen Schlenkerhals bedacht und „Emminenz" sagten sie im gleichen Ort zu einem örtlichen Kirchenrechner gleichen Namens . Im Dialekt ist das Auge „'s Ah", eine Orgel „e Eu(e)l", aber eine Eule ist sinnigerweise „e Eil". „Gure!" kann auf die jeweilige Situation bezogen „Guten Appetit", aber auch „Guten Morgen, Guten Tag, Guten Abend!" bedeuten. Viele Rheinhessen sagen „der Butter" und „die Bach". Paten dafür könnten einmal die Selz, Rheinhessens kleiner Fluss, und zum anderen das Französische le beurre gewesen sein. Das zweite „Frühstück" bezeichnet der Dialekt als „'s Moijeesse", aber „se moije esse" meint frühstücken. „E Im(b)s" ist ein Imbiss, und mit „adchee", vom französischen „adieu" kommend, ging man früher auseinander. Der Buchstabe P wird überwiegend durch B ersetzt. Der Papa ist also „de Babbe", eine Pumpe ist „e Bumb" und ein bunter Vogel, der sprechen kann *(e bunde Vool, wo redde kann)* „is e Babbegei".

Neben den französischen Bestandteilen des Dialektes waren viele jüdische Ausdrücke, nicht nur der Handelssprache, in den Alltag eingeflossen. Hier ein Text, der für viele vielleicht schon unverständlich klingt:

Bei dem Burem (Betrieb) *uffem Maart* (Markt) *in Zellemochem* (Kreuznach) *hot net nor mancher Schote* (Narr) *vun Ganufe* (Spitzbuben) *Schlorem* (schlechte Waren) *joker verkitscht* (teuer verkauft) *kriet. Während die Schacherer* (Händler) *Rewach* (Gewinn) *machten, waren die Bloges* (einfältige Menschen) *er Mees* (Geld) *los. E Kochem* (Schlauer) *is immer Mosche owwe* (Gewinner) *un wer Dippel* (Unglück) *hot, ärjärt sich die Bus* (TB) *un annere Kasore* (Leiden) *an de Hals. Besser hilft e Glas Jajem* (Wein*), vielleicht noch for loh* (für nichts, kostenlos). *Wär awwer net genug kriet, werd devun beschaskeld* (betrunken). *Also weniger trinke, dann bleibt mär immer daguff* (wohlgelitten). *Bevors mit'm iddere* (erzählen) *Schluss is un stiegem* (still) *werd, noch dess: E Mägges is e Hansworscht, e Schlemihl e ame Deiwel, un e Massick e stärrisch Dier.*

Diese Umgangssprache der Zeit vor 1945 wird so nicht mehr gesprochen. Längst gehört das „Tschüss" und das „ok" zum Umgangston, der aber den heimischen Akzent – zum Glück – noch nicht völlig verdrängen konnte. Einige inzwischen unüblich oder selten gewordene Worte der Mundart sind deshalb nachfolgend wiedergeben:

achele, achiele	essen (hebräischer Ursprung)
äbsch	verkehrt, verdreht, dumm benehmen. „Är hot zwe äbsche Händ."
Babbelwasser	Sprechwasser = Wein, weil er die „Zunge löst", redselig macht
baddasch	wenn ein Rind tragend ist (hebräischer Ursprung)
Bajes	Besitztum, meistens das Haus
Bolles	Gefängnis
Boore	zähes Rindfleisch (hebräischer Ursprung)
Brulljesmacher	Strunzer
Dippe	ist ein Topf – und „e närrisch Dippe" eine exaltierte Frau
Drachoner	Hausdrachen: Frau, bei der Mann und Kinder „nichts zu lachen" haben (aber auch für Kavallerist, einen Dragoner)
Dummbabbeler	Ein Zeitgenosse, der dummes Zeug redet
Gichtere	är hot die Gichtere kriet; er hat Angst bekommen
glierich	glühend heiß
has un ganz	mer essen has un ganz. = Pellkartoffeln heiß und ganz
Hawwe	ein irdener Topf (Steingut)
Heringsbennicher	Lebensmittelkaufmann. Er verkaufte Heringe aus dem Fass

Kaljes mache	jemanden „schlecht“ darstellen, Ungutes erzählen, verleumden
Kazuff	Metzger (hebräischer Ursprung)
Knoschder	fester, verklebter Schmutz
Märwes	ein Mürbekuchen, aber auch Bezeichnung für einen Schwächling
Millich	frühere Bezeichnung für Milch
Platthammer	ein Mensch ohne Benehmen
Prottche	Protokoll, bedeutete Strafzettel
Quellmänner	oder Quellgrumbeere – Pellkartoffeln
Quetsche	Zwetschgen
Rattegackel	oder Schlenkerbrieh: für minderwertigen, meistens Tresterwein. Nach dem 2. Weltkrieg nicht mehr üblich.
Schawesdeckel	Sonntagshut. (Schawes = Sabbat, hebräischer Ursprung)
Schloose	Hagelkörner. Es dut schloose = es hagelt
schnerre	irren, är hot sich geschnerrt
Schnorrante	umherziehende Straßenmusiker, auch Bezeichnung für Bettler
Schnorres	Schnurrbart
Siessholzraschpler	Anschmuser, Schönredner, meistens bei Frauen
Staakrikremer	Steinkrügekrämer, abwertend, bezieht sich auf zweifelhafte Personen
Sulwer	jede Art von Schmutz. Är leit (liegt) im Sulwer
Thekehupser	Verkäufer, Ladenverkäufer hinter der Theke
vegelschtert	eingeschüchtert, geschockt (kommt evtl. von vergällen)
vekliggere	jemanden den Standpunkt „klarmachen“
vezwatsere	verzweifeln
Wammes	Herrenjacke
Wersching	Wirsing, aber auch der Kopf
Zelemochem	Viele Juden nannten früher so Bad-Kreuznach
Zores	Lumpenpack oder auch Streit
Zumbel	ein etwas unordentliches Mädchen

Dieser kleine „Sprachkurs“ war eigentlich als Schluss einer launigen Unterhaltung gedacht, aber am Stammtisch kam es anders. Das Gästepaar wollte unbedingt noch einiges über Wein erfahren und so war das Ende dieses Abends noch nicht abzusehen. Gefragt war nun noch einmal der Heimatforscher, der als Landwirt und Winzer nicht nur kompetent war, sondern mit seinen amüsanten Geschichten zum Thema quasi die „Spätlese“ kredenzte...

Rheinhessen
Wein – Winzer – Zecher

Kuhkapellen und Trulli – rheinhessische Wahrzeichen. Wer durch Rheinhessen fährt, entdeckt früher oder später die für die Region einzigartigen „Kuhkapellen" und „Trulli", die als Werbeträger umso interessanter sind, als mit deren früherer Nutzung kein Gast zu locken gewesen wäre. Inzwischen haben aber die Weinbergshäuschen und ursprünglichen Viehställe eine eigene Klientel für sich finden können, weil sie auf andere Art und Weise „in" geworden sind. Sie sind zu „Schmuckstücken", zu Wahrzeichen der Provinz geworden.

Die „Rheinhessen-Touristik" erzählt die Geschichte der Kreuzgewölbe so: „Es war der Maurermeister Franz Ostermayer aus dem pfälzischen Eisenberg, der Mitte des 19. Jahrhunderts nach dem Vorbild alter Klosterrefektorien Stallbauten mit Kreuzgewölben entwickelte und diese hauptsächlich in Rheinhessen errichtete. Diese Bauform minderte die Gefahr von Hausbränden, die damals nicht wenige Betriebe vernichtete. Diese Baulichkeiten wurden lange Zeit nur als Lager- oder Abstellräume genutzt. Doch vor einigen Jahren haben engagierte Winzer den historischen Wert dieser Räume erkannt, die man dann aufwendig und liebevoll bis ins Detail restauriert hat. So sind aus den früheren Kuhställen diese gemütlichen Weinstuben und Straußwirtschaften geworden, in denen das ganze Jahr über auch kulturelle Veranstaltungen und kleine Konzerte stattfinden."

Die Kuhkapellen sind auf zweierlei Art zu entdecken. Entweder geht man, wie der Rheinhesse sagt, der Nase nach (*de Nas noh*) und findet dann eine Weinstube mit besonderem Ambiente, oder man wählt den anderen Weg wie jene, deren Blick sich meistens auf außergewöhnliche Dinge richtet. Äußerlich erkennen sie an den Fassaden alter Gehöfte, wenn sie halbmondförmige Stallfenster sichten, dass sich in ihrem Innern meistens sogenannte „Kuhkapellen" befinden, die als Kreuzgewölbeställe anfangs des 19. Jahrhunderts entstanden sind. Dabei handelt es sich bei dieser Bauweise um eine architektonische Besonderheit, die sich so nur in Rheinhessen und mit wenigen Ausnahmen auch im Hunsrück und der Vorderpfalz durchsetzen konnte und die ihre eigene Geschichte hat.

Um 1800 waren die Ställe überwiegend noch in Fachwerkbauweise errichtet, was sich als immer gefährlicher erwies, weil die Viehhaltung umgestellt worden war. Mit der Einführung der Stallhaltung (an Stelle der Weidehaltung) für das Vieh genügten jedenfalls die alten Ställe in Größe und Bauart diesen Erfordernissen nicht mehr. Vor allem stieg die Brandgefahr durch die Fäulnisbildung, die als Folge der Ausdünstung des Viehs und des anfallenden Mistes permanent gegeben war und tatsächlich auch viele Höfe durch Brand zerstörte. Neue Konzepte waren also gefragt, die sich aber auf völlig anderen Wegen entwickelten.

Kreuzgewölbe

Infolge der Säkularisierung waren es die zwei leer stehenden Klöster Rosenthal und Rothenkirchen, die der Maurermeister Franz Ostermayer aus Eisenberg baulich für eine andere Nutzung herrichten sollte. Pate standen die Refektorien (Speisesäle) beider Klöster mit ihren tragenden Säulen und in den Wänden eingelassenen Kapitellen zur Nutzung als Ställe. Die Zeitschrift des Landwirtschaftlichen Vereins veröffentlichte 1841 diese Idee, die sich auch die Großherzogliche Provinzialregierung in Mainz bald zu eigen machte. Sie regte an, Maurermeister aus Rheinhessen bei Ostermayer für diese Bauart weiterbilden zu lassen. Beginnend 1832 und mit einem Höhepunkt zwischen 1850 und 1880 wurden in Rheinhessen über 200 solcher Kreuzgewölbeställe errichtet. Die damaligen Betriebsgrößen und der vorhandene Sandstein begünstigten diesen für Rheinhessen unverwechselbar gewordenen Baustil. Er war aber auch zum Zeichen eines gewissen Wohlstandes geworden, dessen Größe in solchen Fällen einzuschätzen dann der Rheinhesse mit dem listig-doppelsinnigen Ausdruck *„mer strunzen net, mer hun"* (wir prahlen nicht, wir haben) gerne seinem so angesprochenen Vis à Vis überlässt. Immerhin hätte man für die Kosten eines Kreuzgewölbes auch ein stattliches Wohnhaus erstellen können. Billiger wurde es um 1900, als Eisen- bzw. Stahlträger mit der Bauweise der böhmischen bzw. preußischen Kappendecken den Stil veränderten.

Mit der Abschaffung der Viehhaltung in Rheinhessen nach dem Zweiten Weltkrieg verkamen viele ehemalige Stallungen zu Lagerräumen oder wurden schlimmstenfalls im Zuge von Modernisierungen abgerissen, weil man Wert und Nutzung dieser Kreuzgewölbe verkannte. Erst die Neuorientierung im Weinbau vom Fassweinerzeuger zum Selbstvermarkter war für viele Kreuzgewölbe die Rettung vor dem Aus. So entstanden liebevoll eingerichtete Straußwirtschaften, Weinprobierstuben, Vinotheken und Gastronomiebetriebe in den alten Gewölben. Auch der Zuzug von Neubürgern aus den benachbarten Städten tat ein Übriges, dass diese baulichen Kleinode im privaten Bereich anderen Nutzungen wie Wohnungen, Ateliers oder Ausstellungsräume zugeführt wurden. „Vom Saustall zum Schaustall" überschrieb die Journalistin Elke Sturmhoebel in einem Artikel über Rheinhessen diesen Wandel.

1999 gründete sich die „Interessengemeinschaft Rheinhessische Weingewölbe", um diese rheinhessische Besonderheit zu fördern. Die etwa fünfzig Mitglieder veranstalten als Gewölbeeigner alljährlich zur Pfingstzeit einen „Tag der offenen Weingewölbe" und bieten Besuchern damit die Möglichkeit, sich über Geschichte und Bauform zu informieren. Außerdem finden das ganze Jahr hindurch kulturelle Veranstaltungen, Ausstellungen,

Themenabende und Hoffeste statt. Besondere Erwähnung verdient die ins Leben gerufene Konzertreihe „Klassik im Gewölbe", die das unverwechselbare Ambiente sowie die Akustik der Gewölbe nutzt. Neben erlesenem Musikgenuss kommt auch der Gaumen nicht zu kurz.

Eine andere Geschichte ist die der Weinbergshäuschen, die es in etlichen Bauformen gibt. Sie sollten bei Weinbergsarbeiten vor schwerem Wetter schützen und sind deshalb als reine Zweckbauten entstanden. Ihre unterschiedliche Bauausführung macht sie aber ungewollt zum Blickfang, ob als Zinnentürme oder Trulli. Während Zinnentürme vielleicht auf romantische Eingebungen zurückgehen, verraten Trulli (ob als Spitz- oder Rundbogen) allenfalls soviel, dass sie apulischer Bauweise (erbaut zwischen 1720 -1760) ähnenln. Was sagt das aus?

Unbestritten ist, dass im Flonheimer Raum, wo die spitzen Trulli in den Wingerten stehen, italienische Einwanderungen nachgewiesen sind. Nur waren diese Einwanderer Mitte des 18. Jahrhunderts keine Weinbergsbesitzer. Wenn sie dennoch als Erbauer in Frage kämen, hätten sie diese Häuschen nur als Arbeiter für ihre Prinzipale errichten können. Wolfgang Bickel (Weinbergshäuser, Worms, 1987) hält sie wegen Mangel an Bauholz für eine regionale Bauentwicklung.

Nehmen wir die Trulli also als eine rheinhessische Gegebenheit, über deren Entstehung man rätseln darf, wie über so vieles in dieser Region.

Der rheinhessische Gemüse- und Obstgarten

Rheinhessen ist ein „paradiesisch" anmutender Garten der Superlative: Es ist das größte Obstanbaugebiet in Rheinland-Pfalz und das größte Weinanbaugebiet in Deutschland. Die Rotweinstadt Ingelheim mit dem Sitz der Vereinigten Großmärkte für Obst und Gemüse in Rheinhessen liegt inmitten dieser Sonderkulturen. Sie erstrecken sich entlang des Rheines auf dem Gebiet des Landkreises Mainz-Bingen und konzentrieren sich in einer Zone etwa von Ockenheim/Gau-Algesheim bis vor die Tore am Westrand der Landeshauptstadt Mainz. Das ist auch naturbedingt, weil die dortigen Sandböden die besten Voraussetzungen für den Obst- und Spargelanbau bieten.

Unter dem Gemüse hat der Spargel im Frühjahr die größte Bedeutung erlangt. Vor seiner Ernte beginnt in den riesigen Apfel-, Aprikosen-, Kirsch- und Pfirsichplantagen die Obstblüte, die dann diesen Landstrich als Ausflugsziel besonders anziehend macht. Bei den Obstsorten – bis zu 10.000 Tonnen werden vermarktet – ist die Bekanntheit des Steinobstes (Kirschen, Mirabellen, Pflaumen) allerdings größer als die des Kernobstes. Dennoch nimmt der Apfel in der Beliebtheitsskala die Spitzenstellung ein. Kommen wir zum Wein, dessen Anbau älter und seine Fläche auch um ein Vielfaches größer ist.

Wie der Wein nach Rheinhessen kam. Wenn über Rheinhessen gesprochen wird, ist auch sein Wein Gegenstand dieses Themenkreises. „Der Wein ist hier mehr als eine Sonderkultur, er ist Lebensmacht" und er „schuf rheinhessisches Eigenbewusstsein bis heute" schreibt Carlheinz Gräter in „Weinland Rheinhessen" (Südwestdeutsche Verlagsanstalt 1984, Seite 9). Andererseits war das edle Gewächs, das auf unterschiedlichen Böden und Lagen gedeiht, schon immer ein viel gelobtes, gelegentlich aber auch ein geschmähtes Produkt. Dafür darf man aber nicht den Wein, der dann nur die Wahrheit offenbart, verantwortlich machen, sondern den Menschen, der zu einem seiner ältesten Getränke zuweilen ein gestörtes Verhältnis hat. Das liegt daran, dass Wein von der Natur nicht als fertiges Produkt „geliefert" wird, sondern des Winzers Hand bedarf, um aus den Trauben, dem Produkt der Natur, den Wein zu erzeugen. Dieser Weg, beginnend mit der Kultivierung der Reben, lässt sich Tausende von Jahren in der Geschichte der Menschheit zurück verfolgen. Und doch bleibt der Wein, über den es fast nichts gibt, was noch nicht berichtet worden wäre, ein immerwährender Gesprächsstoff und ein ebenso beliebtes Genussmittel! In der Tat ist der Wein damit von alters her ein Objekt mit vielen Ansprüchen und Begehrlichkeiten!

Rheinhessen ist die regen- und waldärmste Region Deutschlands, aber mit über 26.000 Hektar Rebenfläche dafür das größte aller deutschen Weinanbaugebiete, und es hat mit 1.700 Sonnenstunden im Jahr auch klimatisch hervorragende Bedingungen. Nur in wenigen seiner Gemeinden (Budenheim, Hamm, Ibersheim, Nieder-Wiesen) wird kein Wein angebaut. Über den ersten Weinanbau gibt es allerdings keine exakten Daten. Festzustehen scheint aber, dass bereits den linksrheinischen Kelten Wein und Reben nicht unbekannt waren, zumal das Weinfass von den Galliern erfunden worden ist. Auch die Rolle der Römer lässt Raum für Spekulationen, obwohl ihnen der Beginn des planmäßigen Weinanbaues in Germanien, und so auch im heutigen Rheinhessen, zugeschrieben wird. Zwecks Versorgung ihrer Truppen, also aus Nachschubgründen, sollen sie etwa um 20 v. Chr. in den unterworfenen Keltengebieten mit dem Weinanbau begonnen haben. Paradoxerweise ließ aber Kaiser Domitian (51 - 96 n. Chr.) in den Jahren 81 n. Chr. zum Schutz des römischen Weines die Hälfte der gallischen Weinberge zerstören. Diese Maßnahme wurde von Probus um 280 n. Chr.

(nach einer Verkostung auf einem Schiff am Mittelrhein) wieder aufgehoben. Diese historischen Vorgänge sind heute insofern von Interesse, als sie die ewigen Wechselfälle des Lebens dokumentieren. Jedenfalls muss der Wein damals auch Handelsobjekt mit den jenseits der römischen Grenzen lebenden Germanen gewesen sein, denn Tacitus schreibt in seiner um 98 n. Chr. verfassten „Germania": „Der Durst der Germanen ist unerträglich, Tag und Nacht müssen sie trinken."

Erst nach der Völkerwanderungszeit findet der Weinbau in der Literatur wieder Erwähnung. Winfried, besser als Apostel der Deutschen unter dem Namen Bonifatius bekannt, ließ als Bischof von Mainz viele Weinberge anlegen. Die größte Förderung erfuhr der Weinbau später durch Karl den Großen. In Burgund besaß er Weinberge, aus denen er Reben zuerst nach Rüdesheim a. Rh. verpflanzte. Später profitierte auch Ingelheim, wo er oft residierte, von diesem kaiserlichen Eifer. Er legte nicht nur für Ingelheim den Grundstein zur Rotweinstadt; in seinen teilweise bis heute noch gültigen Kapitularien regelte er alles, was für den Weinbau wichtig war. Auch die Straußwirtschaften gehen darauf zurück. Der Überlieferung nach war Karl der Große jedoch nur ein mäßiger Trinker und verabscheute Trunkenheit.

Zuerst durch die Kreuzzüge, später durch den zunehmenden Handel kamen immer wieder neue Rebsorten zum Anbau. Der Riesling (damals Rüssling), heute der unbestrittene König der Weißweine, ist in der hiesigen Region um 1400 heimisch geworden. Rheinhessen hatte sich schließlich bis zum Dreißigjährigen Krieg zu einem Weinzentrum entwickeln können. Der Kriegsausbruch 1618 und seine verheerenden Folgen brachten das Aus – auch für den Weinbau. Erst ab 1660 kam es nach der ersten Beseitigung der Kriegsschäden wieder zu kleinen Erträgen und allmählich auch zur

Weiterentwicklung des Weinbaus. Um 1900 gehörten in Rheinhessen Burgunder, Gutedel, Portugieser, Ruländer (Grauburgunder), St. Laurent, Sylvaner und Traminer zu den angebauten Rebsorten. Viele Neuzüchtungen, auch die der Landesanstalt für Rebenzüchtung in Alzey haben durch deren Leiter, Georg Scheu (1879 -1949), maßgeblich Anbau und Weinkultur in Rheinhessen beeinflusst. (Von Scheu wurden die Reben Faber, Huxel, Kanzler, Regner, Sämling 88 – später nach ihm „Scheurebe" genannt –, Septimer und Sieger als neue Sorten gezüchtet. „Regner" erhielt

den Namen nach der Mitarbeiterin Maria Regner, „Huxel" nach dem Winzer Fritz Huxel aus Westhofen, der sich um den Anbau dieser Rebe verdient gemacht hatte.) Natürlich gehören neben den Hauptsorten Riesling, Silvaner, Müller-Thurgau (Rivaner), Scheu, Dornfelder, Portugieser und Spätburgunder auch Bacchus, Chardonnay, Kerner, Morio-Muskat, Ortega, Traminer, Würzer und andere Reben zu den angebauten Sorten.

Marktabhängig: Zucker und Wein.
Der Handel im 21. Jahrhundert kann mit den Geschäftsabläufen früherer Zeiten nicht mehr verglichen werden. Umso interessanter ist es, einen kurzen Blick auf die Entwicklung des Wein- und Zuckermarktes der letzten Jahrhunderte zu werfen.

Im Mittelalter war die Trinkwasserversorgung ein heikles Problem. Die Qualität nach dem Standard des 21. Jahrhunderts war unbekannt und so war das Wasser sehr oft ein Keimträger schwerer Erkrankungen. Besser schien den Erwachsenen deshalb der Genuss von Wein zu sein, der in Rheinhessen keine Mangelware und deshalb zu einem tagtäglichen Getränk geworden war. Er wurde in Fässern gelagert, geliefert und daraus auch verzapft, denn Flaschenwein war noch nicht gängig. Der wurde erst um 1800 nach und nach üblich. Anhand einer Alzeyer Steuerliste des Jahres 1599 wurde allein von den darin erfassten Gastwirtschaften pro Tag ein Umsatz von 320 Litern Wein errechnet. Dazu ist der Eigenverbrauch der Winzer und ihr Verkauf in gleicher Menge noch hinzuzurechnen („Rheinhessische Volksblätter" – Hans Lawall – vom 21. September 1935). Das ergab bei etwa 2.500 bis 3.000 Einwohnern der Stadt einen stolzen Verbrauch pro Kopf von etwa 85 Liter im Jahr und ist ein Beweis dafür, dass der Wein auch von guter Qualität war. Dafür spricht auch, dass Rheinhessenwein (damals überwiegend Kurpfälzer Wein) zur Krönung von Kaiser Karl V. und zur Hochzeit von Kurfürst Friedrich V. von der Pfalz in großer Menge als Festwein getrunken wurde. Der rheinhessische Wein war also in einem regional überschaubaren Umfeld ein hoch geschätztes Getränk. Dennoch war seine Bekanntheit darüber hinaus um 1900 allenfalls nur Kennern (z.B. als Binger Scharlachberg, Niersteiner Bergkirche, Wormser Liebfrauenmilch oder Oberingelheimer Rotwein) ein Begriff. Wie ist ein solcher Widerspruch zu erklären?

Rheinhessen war bis zum Ende des Zweiten Weltkrieges eine landwirtschaftlich geprägte Provinz, in der Obst-, Spargel- und Weinbau nur den Status als „Sonderkulturen" hatten und Anfang des 20. Jahrhunderts noch für zirka 80 % der Bevölkerung die Erwerbsgrundlage bildeten. Eine sehr arbeitsintensive dazu. Obwohl mit der Gründung der Obst- und Weinbauschule Oppenheim (1895), der Weinbaudomäne Mainz (1900), dem Rheinhessischen Weinbauverband (1905) und der inzwischen aufgelösten Landesanstalt für Rebenzüchtung in Alzey (1909) viel Fachwissen vermittelt werden konnte, blieben die Winzer ihren Verkaufspraktiken treu. Die meisten wählten deshalb den einfachsten Weg der Vermarktung, indem sie ihre Ernten entweder als Trauben, Most oder Fassweine verkauften. Abhängig waren sie stets von den Käufern, die von Jahr zu Jahr schwankende „Marktpreise" zahlten. (1885 zahlte man für 1200 Liter – 1 Stück – 270 Mark, 1907 kostete ein „Mittelwein" (mittlere Weinqualität) 480 Mark das Stück und 1910 brachte bei sehr wenig Ertrag das Stück 800 Mark). Und so rollten alljährlich die Transporter mit Rheinhessenwein in andere Gebiete, wo sie zu Sekt verarbeitet oder aber als Verschnittweine unter anderen Bezeichnungen auf den Markt kamen. Während in den früheren Jahrzehnten auf diese Art manche Weine anderer Gegenden erst durch den Zusatz von Wein aus Rheinhessen aufgewertet worden sind, war das umgekehrt dem einst guten Ruf des rheinhessischen Weines eher abträglich.

Auch der Zuckerrübenanbau in Rheinhessen wurde im zurückliegenden 20. Jahrhundert gegen den Rheinhessenwein als die „rhoihessisch Sunn" ins Feld geführt, und zwar wegen des Endproduktes Zucker. Das war ein dummer Witz, den manche Großväter der heutigen Winzer überhörten, für andere war es eine Provokation. Sie spielt nämlich auf den Weinzucker an, wenn dem Most fehlende Fruchtsüße zugesetzt werden muss. Das ist in vielen Weinbauregionen erforderlich und gesetzlich geregelt. Rheinhessen macht da keine Ausnahme. Seine weithin sichtbaren Zuckerrübenfelder waren aber mit ein Anlass, wegen offenkundig gewordener Weinskandale darüber nicht nur zu lästern, sondern mit üblen Unterstellungen den Weinbau unangemessen in Misskredit zu bringen. Dass aber der Rübenanbau schon damals für viele der rheinhessischen Landwirte der Hauptverdienst und für andere zumindest noch das „zweite Standbein" war, wurde durch solchen Spott ebenfalls in ein falsches Bild verkehrt. Interessanterweise sind hier aber Land und Rüben mehr: sie sind durch eine gemeinsame Geschichte von alters her schicksalhaft verflochten.

1814 waren mit dem Sieg über Napoleon I. die von ihm annektierten deutschen Gebiete links des Rheines zur Erbmasse für die deutschen

Fürsten geworden. Mit deren Aufteilung beginnt Rheinhessens Geschichte. Gleichermaßen fallen in diese Zeitspanne aber auch die Anfänge des Zuckerrübenanbaues. Die Züchtung aus der Runkelrübe war um 1750 gelungen, wurde aber zunächst nicht genutzt.

Zucker war den Urvölkern unbekannt; sie süßten mit Bienenhonig. Schon früh entdeckte man aber in Indien, dass auch der Saft des Zuckerrohrs sich zum Süßen eignet. Offenbar gelang dort auch zuerst die Gewinnung von Zuckerkristallen, die dann bald auf den Handelswegen zu den Arabern kamen. Diese Entwicklung vollzog sich zwischen dem 4. und 5. Jahrhundert n. Chr. Sehr viel später, vermutlich erst mit den Kreuzzügen (1096-1294), kam der Zucker als Ware und Name nach Europa. (Das Wort Zucker hat arabische Wurzeln.) Wieder waren es dann kriegerische Ereignisse, die Zuckerproduktion und Handel einschneidend verändern sollten.

Napoleon hatte 1806 die Kontinentalsperre gegen England verhängt, die im Grunde gegen das Inselreich wirkungslos blieb. Empfindlicher traf sie dafür viele Wirtschaftsbereiche des Kontinents selbst, darunter den Zuckermarkt. In Deutschland und Frankreich führte das zu etwas völlig Neuem. Man erinnerte sich der ein halbes Jahrhundert vorher gelungenen Züchtung der Zuckerrübe und empfahl deren Anbau. Parallel erfolgte der Bau von Zuckerfabriken, deren Produkte auf dem Weltmarkt schließlich in starke Konkurrenz zum Rohrzucker traten. Soweit die Geschichte, die vermittelt, dass die Politik Napoleons im Nachhinein nicht nur zur Schaffung Rheinhessens führte, sondern auch zum Anbau der Zuckerrüben und einem europäischen, zweiten Zuckermarkt. Dass dieser jetzt, am Anfang des 21. Jahrhunderts, weltwirtschaftlich bedingt unter Druck steht, bereitet den Betrieben große Sorgen.

Nach dieser Reminiszenz zurück zu Wein und Zucker.
Längst wissen die Weinliebhaber, dass Trauben mit betonter Süße weniger Säuregehalt besitzen, umgekehrt aber säurebetonte Trauben an Fruchtzucker ärmer sind. Das Fehlende muss fachgerecht durch natürliche Zugaben (z.B. Zitronensäure oder Zucker) ausgeglichen werden. Neue, den Boden- und Klimaverhältnissen angepasste Rebsorten haben das fast überflüssig

gemacht. Bei der Verkostung ihrer qualitativ guten Gewächse gehören alte Geschichten mit in die Runde. Die „rhoihessisch Sunn" ist eine solche, die Sinn und Zweck nicht verfehlt. Denn ganz nebenbei erinnert sie als Humoreske an die unumstößliche Tatsache: ohne Zucker gibt es keinen Wein!

Nicht zum Vorteil war auch, dass die Rheinhessen für ihren Wein in der Vergangenheit kaum geworben haben und mentalitätsbedingt sich lange sogar wirtschaftlichen Erfordernissen entgegenstellten. Der „Rheinhesse" ist nämlich ein Individualist, der zwar Gemeinschaft und Geselligkeit pflegt, aber Befehle, Vorgesetzte und Vorschriften nur schwer ertragen kann. Das hat sich seit Napoleons Zeiten bei den Landwirten, die in Rheinhessen in bäuerlichen Klein- und Kleinstbetrieben ihre „eigenen Herren" bleiben wollten, kaum verändert. Die Folge war, dass ihre Erzeugnisse von jedem Betrieb einzeln vermarktet werden mussten. Das kam dem Handel zugute, der seine Preisgebote an der wirtschaftlichen Stärke des Erzeugers orientieren konnte. Beim Weinbau war das schließlich der Anlass zur Gründung von Genossenschaften, die dann die Weine ausbauten und auch selbst vermarkteten. In aller Regel zahlten die Genossenschaften den Mitgliedern bessere Preise für das angelieferte Lesegut als der Handel, aber dafür in Raten: ein Teil nach der Anlieferung, den Rest meistens in zwei Raten. Viele Erzeuger in Rheinhessen konnten sich mit dieser Vermarktung nicht anfreunden, weil das nicht ihrem Verständnis von eigener Entscheidung entsprach. Sie blieben deshalb den Zusammenschlüssen fern oder, salopp gesagt, „Einzelkämpfer".

In den 1960er und 70er Jahren führten andere Anbau- und Produktionsmethoden in eine falsche Richtung. Im Trend der Zeit lagen damals „süffige" Weine. In Rheinhessen setzte man deshalb vermehrt auf „Massenträger", also auf Quantität, was höheren Gewinn erhoffen ließ. Das brachte bald eine Überproduktion mit den bekannten Folgen von Angebot und Nachfrage und machte damit offenkundig, was qualitätsbewusste Winzer von Anfang an gesehen hatten: eine Fehlentwicklung, die in einem ruinösen Wettbewerb etliche Betriebe in den Konkurs treiben musste und tatsächlich auch trieb. Diese Situation konnten nur Großvermarkter gewinnbringend nutzen, die das

Überangebot günstig aufkauften und zu Schleuderpreisen in den Verkehr brachten. Manipulationen Einzelner verschärften noch die Situation. An dem entstandenen Imageverlust hatten der solide Weinhandel und alle rechtschaffenen Winzer lange zu tragen.

Die Lage stabilisierte sich schließlich in den Jahren um 1980, als die rheinhessischen Winzer vermehrt erkannten, dass nur die Vermarktung von Flaschenweinen direkt an den Kunden ihren Betrieben wirtschaftlichen Bestand durch Vertrauensbildung sichern kann. Auch die Abkehr von den landwirtschaftlichen Gemischtbetrieben hin zum Weinbau, als Folge des europäischen Agrarmarktes, hatte im Zuge der Zeit diesen Sinneswandel mitbewirkt.

Inzwischen hat sich der Rheinhessenwein seinen Markt wieder erkämpft. Bundesweit findet man bei den Prämierungen Weine der Region immer wieder auf den Spitzenplätzen. Eine andere Zeit ist angebrochen. Es verwundert deshalb nicht, wenn die noch wenigen alten Weintrinker bei Verkostungen anfangs des dritten Jahrtausends damit, wie heute Wein beschrieben wird, weniger zu begeistern sind, weil diese Sprache eigentlich dem Rheinhessen gar nicht liegt und früher als „Spinnerei" chancenlos geblieben wäre. Der Erfolg gibt aber der jetzigen Vermarktung recht, auf den die heutigen rheinhessischen Winzer stolz sein dürfen. Schließlich ist es in der eigenen Probierstube für den Erzeuger leichter, den Geschmack des Weinliebhabers darauf einzustimmen, dass beispielsweise der „Müller-Thurgau" (Rivaner) Zunge und Sinne an die Aromen grüner Apfel, Zitrone, schwarze Johannisbeere und Muskatnuss erinnert, als ihm zu erklären, dass durch Kreuzung Riesling und Silvaner die Eltern dieser Rebe geworden sind, was man aber gleichwohl erwähnen kann. Unbestritten ist nämlich jede Weinverkostung mit die schönste Art einer Geschäftsanbahnung, aber die ein oder andere Anekdote um das edle Getränk sollte schon einfließen, weil sich so rheinhessisches Naturell besser vermitteln und Geschäftliches erleichtern lässt. Aber, was ist überhaupt rheinhessisches Naturell?

Über die Grenzen seiner Heimat hinaus hat es der in Nackenheim geborene Carl Zuckmayer, der den Rheinhessenwein als „Lachwein" bezeichnete und ihn und die Menschen in seiner Komödie „Der fröhliche Weinberg" zu Worte kommen ließ, literarisch bekannt gemacht. Aber auch die vielen gastfreundlichen Winzer haben rheinhessisches Flair längst in vielfältiger Weise „unter die Leute" gebracht. Und für Fremde sind die auf Tischdecken gedruckten Werbungen wie

"Rhoihessewoiwollemerwennsewissewollewasmerwolle"

sehr oft schon kein unverständlicher Dialekt mehr. Höhepunkte gibt es aber in den Straußwirtschaften sowie bei Wein- und Hoffesten immer wieder dann, wenn „*Stickelcher*" (lustige Geschichten) zum Besten gegeben werden. Einige solcher Geschichten, von denen es viele gibt, dürfen deshalb auch hier nicht fehlen.

Geschichten um fröhliche Zecher. Ein rheinhessischer Verein hatte erstmals Besuch aus Norddeutschland. Den Freunden des Gastvereins war viel geboten worden. Besichtigungen, Ausflüge und Tanz gehörten zum Programm. Für den Abreisetag hatte man sich etwas ganz Besonderes ausgedacht. Nach einem gemeinsamen Mittagessen wollte man mit den norddeutschen Freunden noch einmal zum Abschied „anstoßen". Im Gastraum eines Winzers stand dafür der Wein bereit, der in Probiergläsern verabreicht werden sollte. Damit waren die Gäste nicht einverstanden. Für sie gab es zwischen Bier und Wein keinen Unterschied und deshalb bestanden sie darauf, den Abschiedswein aus Biergläsern zu trinken. Die besten Worte halfen nichts, sie tranken ihren Wein zum Abschied aus Biergläsern. Das Ende der Geschichte ist kurz erzählt, denn die Freunde aus Norddeutschland traten ihre Heimreise als „Weinleichen" an – passend zu einem Vers von Joachim Ringelnatz: „Die besten Vergrößerungsgläser für die Freuden dieser Welt sind jene, aus denen man trinkt."

Auf ein Zitat von Plutarch: „Der Wein ist unter den Getränken das nützlichste, unter den Arzneien das schmackhafteste, unter den Nahrungsmitteln das angenehmste", könnte die folgende Anekdote passen:

Wegen seiner Magenbeschwerden konsultierte ein Patient einen Facharzt. Beide, Arzt und Patient, waren keine Rheinland-Pfälzer; sie wohnten in einem anderen Weinanbaugebiet. Das ist deshalb erwähnenswert, um das Ende der Krankengeschichte nicht vorweg zunehmen. Die eingehende Untersuchung in der Klinik erbrachte als Befund einen Mangel an Magensäure. Der Patient erbat daraufhin das beste therapeutische Mittel und ein entsprechendes Rezept. Der Professor überlegte kurz und sagte: „Trinken Sie zu jedem Essen ein kleines Gläschen Rheinhessenwein und Ihr Magen kommt wieder in Ordnung." Dem Vernehmen nach soll der Patient daraufhin einen ganzen Kofferraum „Kabinett" als Arznei bei einem rheinhessischen Winzer gekauft haben.

Umgekehrt sollte ein Stammtischbruder krankheitsbedingt seinen Konsum ändern. Den Verzicht von Wein verlangte sein Arzt nicht. Aber anstelle der täglichen *„drei Halwe"* (2/10 l-Glas), wurden ihm dringend *„Piffcher"* (1/10 l-Glas) angeraten, was der Mann dann auch artig befolgte. Das ging einige Tage gut, bis der Wirt ihn fragte, warum er neuerdings statt seiner „drei Halwe, sechs Piffcher" trinken würde? *„De Dokter hot mer Piffcher veordent un des muss ich streng befolge"*, war seine lakonische Antwort.

Dass ein Hörfehler, möglicherweise auch ein vorgetäuschter, unerwarteten Weingenuss und zugleich auch Ärger bringen kann, musste ein Kirchenbesucher erfahren. Er war gemeinsam mit seiner Frau zur sonntäglichen Beichte gegangen, dann aber aus dem Blickfeld seiner Gattin geraten. Nach dem Gottesdienst suchte die Frau lange ihren Mann, bis sie ihn schließlich bei bester Laune in einer Gastwirtschaft fand. Dort saß er in einer heiteren Runde, die, der Herbstzeit entsprechend, reichlich dem „Bremser" (= Federweißer) frönte. Vorher waren dem Mann allerdings von seinem Beichtvater drei Litaneien als Buße auferlegt worden, was er als *„drei Liter Neie"* verstanden haben will. Auf die Frage seiner Frau, was das alles zu bedeuten hätte, sagte er rechtfertigend: *„De Parre hot mer drei Liter Neie (neuen Wein) uffgeb, un die trink ich grad!"* Ob sich für diese Überlieferungen, immer die Wahrheit verbürgen lässt, muss offen bleiben. Jedenfalls lässt sich damit aber das ein oder andere rheinhessische „Original" schon treffend beschreiben.

Passend dazu ist jedenfalls ein Zitat von Ernst Jünger, mit dem dieses Kapitel zugleich sein Schlusswort haben soll:

„Nichts macht mit der Landschaft vertrauter
als der Genuss der Weine,
die auf ihrer Erde gewachsen und von ihrer Sonne
durchleuchtet sind."

„Schön" sagte das Gästepaar, was als Ausdruck des Dankes zu verstehen war, denn inzwischen kam auch am Stammtisch allmählich Aufbruchstimmung auf. Das hat aber nicht zwangsläufig auch das „Ende" zur Folge, weil die Rheinhessen fast immer eine Sache ausdiskutieren. Entweder auf dem Heimweg oder dort, wo man gerade sitzt. So auch hier, wo der eine oder andere Gedanke zu aktuellen Themen in einen weiteren Dialog einmündete...

Rheinhessen
Kulturland – Quo Vadis?

In einem neuen Jahrtausend. Jede Exkursion durch Rheinhessen offenbart seine Vielfalt immer wieder aufs Neue und gestattet vielerlei Vergleiche. Der nördliche Teil umschließt zwischen Ingelheim und Mainz einen „Obst- und Gemüsegarten", der mit seiner Blütenpracht im Frühjahr und dann zu den Reifezeiten zum Spargel- und Obstgenuss einlädt. Bingen, das Tor zum Weltkulturerbe Mittelrhein, mit seinem Mäuseturm im Rhein, der Burg Klopp, dem Rochusberg und seinem Historischen Museum kann Ausgangs- oder Endstation für beliebige Rhein-Schiffstouren sein. Weinbau- und Weinhandel sind beherrschend. Und es erinnert mit der Äbtissin Hildegard von Bingen an deren vielseitiges Wirken und ihr Leben in dieser Stadt im 12. Jahrhundert. Ihre Taufe soll sie in Bermersheim vor der Höhe empfangen haben.

Eindrucksvoll erinnern auch in Mainz und Worms die Kaiserdome an die Bedeutung dieser Städte im Mittelalter. Entlang des Rheines zwischen diesen beiden Zentren liegen Weinbauorte mit wohlklingenden Namen: Nackenheim („Der fröhliche Weinberg"), Bodenheim, Alsheim, Guntersblum, Nierstein und Oppenheim. Letzteres, ehemals Reichsstadt, mit seiner Burgruine Landskron und seiner weithin sichtbaren Katharinenkirche, verbirgt unter den Häusern seiner Altstadt ein einmaliges Kellerlabyrinth.

Ein Blick auf die politische Karte Rheinhessens lässt aber auch Besonderheiten nicht gleich erkennen: Die Verbandsgemeinde Bad-Kreuznach mit ihren neun Gemeinden gehört seit 1969 verwaltungsmäßig zum Landkreis Bad-Kreuznach, geografisch und als Weinbaugebiet (außer Bosenheim, Ippesheim und Planig) aber nach wie vor zu Rheinhessen. Zum Mittelrhein gehört die VG Rhein-Nahe, deren Orte vor 1969 in den Kreisen St.-Goar beziehungsweise Bad-Kreuznach verwaltet wurden. Eine weitere Besonderheit findet sich an der südlichen Grenze, im Zellertal. Es ist die Pfrimm, welche die Grenze zwischen Rheinhessen und der Pfalz bildet und damit an ihrem Lauf gleich zwei Weinbaugebiete vereinigt: das Rheinhessische im Norden und das Pfälzische im Süden.

So viel Interessantes kann verführen, Veränderungen zu übersehen. Tatsächlich lässt eine Fahrt durch Rheinhessen auf den ersten Blick den tiefgreifenden Wandel, der sich vollzogen hat und still seinen Fortgang nimmt, nicht erkennen. Die Anbauflächen von Acker- und Weinbau beherrschen noch immer das Landschaftsbild, als hätte sich in der Agrarwirtschaft nichts verändert. Aber es sind nur noch wenige Betriebe, die das schaffen. Die Landwirtschaft, die seit der französischen Zeit ihren Besitz stets im Wege der Realteilung vererbte, hatte sich im Dritten Reich gegen das Erbhofgesetz, das mit der Schaffung von Großbetrieben dem entgegenwirkte, gewehrt. Man wollte das nicht. Nach 1945 wurde das Erbhofgesetz aufgehoben. Rheinhessen, das einstige Agrarland, ist dennoch anders geworden. Der Zug der Zeit war nicht mehr aufzuhalten. Mit dem Beginn der Europäischen Gemeinschaft, die in die politische Einigung Europas führte, hat sich diese Entwicklung beschleunigt. Die Globalisierung tut noch ein Übriges dazu, und wer kann schon Verbindliches über die Zukunft vorhersagen?

Deutlich zeigen sich die Veränderungen auch an den Ortsbildern, wo dem Betrachter die sich den Ortskernen anschließenden und oft auch größeren Neubaugebiete mit ihren Supermärkten ins Auge fallen. Verschwunden sind die kleinen Läden, weil sie gegen die Handelsketten nicht konkurrenzfähig waren, und mit ihnen die Küfer, Schmiede und Wagner, deren Dienste auch nicht mehr benötigt wurden. Rheinhessen ist zu einem Wohnland geworden, dessen Menschen zu ihren Arbeitsplätzen „pendeln“. Diese Veränderungen, die jene Neuerungen mit sich brachten, sind tiefgreifend. Die früheren Unterschiede zwischen Stadt und Land bestehen kaum noch, mitbewirkt durch den Zuzug von Städtern, Umsiedlern und Fremdarbeitern „auf das Land“. Vielleicht lassen sich am Beispiel der Landeshauptstadt Mainz die Veränderungen im Wandel der Bevölkerungsstruktur am besten erkennen. Der Sitz der Landesregierung, die Sendeanstalt Zweites Deutsches Fernsehen, der Südwestfunk, die Universität und das gesamte städtische Infrazentrum bringen nämlich eine ständige personelle Fluktuation mit sich. Logisch, dass von seinen rund 185.000 Einwohnern die Zahl der Mainzer Neubürger fortlaufend Zuwachsraten hat. Das lässt sich auch in Alzey, Bingen, Ingelheim, Worms oder den anderen Städten und Dörfern der Region an den Familiennamen erkennen, die seit 1945 vielfältige Veränderungen erfahren haben. Ähnlich wie nach dem Dreißigjährigen Krieg hatten die Nachkriegsereignisse 1945 mit den Flüchtlingen und Vertriebenen das Bevölkerungsbild sichtbar verändert. Dazu beigetragen haben aber auch die Wanderungsbewegungen, die seit dem Kriegsbeginn 1939 bis zur Jahrtausendwende durch normale Alltagsereignisse auf die Zusammensetzung der Bevölkerung Einfluss hatten. Sie sind aber unauffälliger verlaufen und deshalb weniger wahrgenommen worden. Dieser Wandel in der Bevölkerung Rheinhessens setzt sich unaufhaltsam fort. Im Jahre 2005 kamen 579.000 Zuwanderer nach Deutschland; 145.000 Menschen verließen im gleichen Zeitraum das Land.

Handys und Computer sind Alltagsware geworden und auch „Valentinstag" oder „Halloween", ausländisches Brauchtum, konnten im als zurückhaltend geltenden Rheinhessen ihren Einzug halten. Das Vereinsleben hat an Bedeutung verloren und ist für die Jugend nicht mehr so attraktiv wie in früheren Zeiten. Wohl sind viele Bemühungen der Traditionspflege zu erkennen, ihre Chancen lassen sich gegen neue Trends jedoch nur schwer abwägen.

Von der alten Tradition leben noch die Volksfeste wie Märkte, Kirchweihen oder die Fastnacht, wenn auch mit unterschiedlichen Tendenzen. Einst waren die „Kerwe", also die Kirchweihen, nach Weihnachten und Ostern „die Feste" des Jahres, zu denen sich die ganze Verwandtschaft traf. Nach dem Zweiten Weltkrieg hat sich diese ursprüngliche Selbstverständlichkeit mehr und mehr überlebt. Die Kirchweihe ist heute weitgehend ein Datum im Kalender der jeweiligen Gemeinde geblieben, mehr aber auch nicht. Auch die Jahrmärkte teilen diese Erfahrung. Durch eine größere Angebotsvielfalt und Erlebniserwartung sind sie aber immer noch äußerst zugkräftige Feste für ein großes Publikum. Zu diesen Volksfesten gehören in Rheinhessen unter anderen die Weinmärkte und Winzerfeste in Bingen, Mainz, Alzey, Ingelheim, Nierstein, Westhofen, Osthofen und Oppenheim. In ähnlicher Tradition sehen sich in Worms der Pfingstmarkt und das Backfischfest. Dagegen gilt die Fastnacht, rheinhessisch „Fassenacht", als absoluter Gewinner dieses Wandels. Mainz ist nicht nur für Rheinhessen, sondern für den gesamten Südwesten Impulsgeber gewesen. Dass hierbei die Fernsehübertragungen aus Mainz weit über diese Region hinaus viel zu dieser Popularität beigetragen haben, ist die andere Seite des technischen Fortschritts.
Auch wirtschaftlich hat sich in Rheinhessen viel getan. Bis zum Beginn des

20. Jahrhunderts wurden Brillen auf Jahrmärkten verkauft. Der Optikerberuf ist also noch verhältnismäßig jung. Dafür brachte der Wandel anderen Berufen das Aus. Neben den schon erwähnten Branchen sind weitere alte Berufe längst Opfer dieser Entwicklung geworden. Die Korbmacher am Altrhein, Polsterer, Sattler, Schuhmacher, Steinbrecher und Wagner gehören dazu. Ähnlich erging es den längst vergessenen Berufen der Brunnenmeister, Gerber und Treidler, welche durch die um 1830 beginnenden wirtschaftlichen Veränderungen ihre Berufe oder Betriebe aufgeben mussten, oder den der Weinschröter, den Transporteuren der Fässer, die mit der Erfindung der Weinpumpe ebenfalls im 19. Jh. überflüssig geworden waren. Rheinhessen hat schon viele solcher Entwicklungen durchlebt. Seine Bevölkerung hat bisher noch immer solche Herausforderungen gemeistert, und sie scheint auf einem guten Weg in das dritte Jahrtausend zu sein, obwohl sich die rheinhessische Struktur insgesamt verändert hat.

Bis zum Zweiten Weltkrieg war es üblich, dass im ländlichen Raum alle Rechnungen der Handwerker nur einmal im Jahr, zur Herbstzeit, bezahlt wurden. Das ergab sich zwangsläufig so, weil die Landwirtschaft zu dieser Jahreszeit erst wieder zu Geld für ihre Erzeugnisse kam. Die Berufe, die noch um 1900 verschwindend selten waren, überwiegen jetzt: Fabrikarbeiter, Dienstleister, Angestellte, Beamte und akademische Berufe. Und auch diejenigen Betriebe, die der Landwirtschaft erhalten geblieben sind, stellten um. So ist die Viehhaltung in Rheinhessen praktisch verschwunden, und die Winzerbetriebe, die einst nur Fassweine produzierten, bauen heute Qualitätsweine aus und vermarkten sie größtenteils auch selbst.

Mit „Urlaub beim Winzer" haben sich einige Betriebe in der Tourismusbranche ein „zweites Standbein", wie man dazu sagt, geschaffen. In den Städten lässt sich in der Gastronomie der Wandel, der sich hier zur Überzahl an chinesischen, griechischen, italienischen, spanischen und türkischen Spezialitäten-Restaurants vollzogen hat, nicht übersehen. Und auf den Dörfern hat vielfach das gute alte Gasthaus „ausgedient". Bürger- und Dorfgemeinschaftshäuser sind der Versuch vieler Kommunen, diesem Trend entgegenzuwirken. In den 1980er Jahren waren es junge Winzer, die eine Nische für Rheinhessen als Urlaubsland entdeckten. Sie machten ihre

Betriebe für eine spezielle Klientel von Besuchern urlaubstauglich und konnten nach und nach das Interesse für den „Urlaub beim Rheinhessenwinzer" wecken. Dieses Angebot ist für Rheinhessen flächendeckend geworden. Der interessierte Besucher hat es inzwischen leicht, mehr und spezielles über diese Ziele zu erfahren. Kunstreiseführer, Internet, örtliche Tourist-Informationen und die überörtlichen Werbeträger können hierbei hilfreich sein. Überall in Rheinhessen steht man auf geschichtsträchtigem Boden. Ob Museen oder Städteführungen – Alzey, Bingen, Ingelheim, Mainz, Oppenheim oder Worms sind hierfür gute Namen. Aber auch die Regionen Rheinfront, Wonnegau oder Rheinhessische Schweiz haben mit Kräuter- oder geologischen Führungen und Weinproben attraktive Angebote.

So ist für die Straußwirtschaften, die in Rheinhessen große Tradition haben, eine Renaissance gekommen. Die liebevoll gestalteten Räume, die Weingewölbe, einst Pferde- oder Kuhställe und deshalb auch „Kuhdome oder Kuhkapellen" genannt, sind zu Treffpunkten rheinhessischer Lebensart geworden. Sie pflegen die Weinkultur, und ihre deftigen Speisen sind ein Beitrag zum Erhalt der regionalen Küche. Am meisten schätzen aber ihre Besucher den ungezwungenen Umgang miteinander und das Gespräch bei Riesling, Silvaner oder Portugieser. Und bei solcher Weinlaune und solchen Unterhaltungen sind die Rheinhessen, ein zuweilen kantiger, aber offener und geselliger Menschenschlag, der seine europäische „Mischung" nicht verleugnen kann, in ihrem Element. Fremde Gäste, die erstmals eine solche Stimmung erleben, können sich nach anfänglicher Distanz schließlich dieser Faszination nicht entziehen. Meist wird daraus mit Rheinhessen eine Verbindung auf Dauer.

Verbindend hierbei sind oft Weinlaune und Gemütlichkeit, die sich vielseitig erleben lassen. Da ist in einer Ecke des Raumes eine Geburtstagsfeier mit dem entsprechenden Flair. Eine andere Gruppe erzählt bei Backesgrumbeere vom letzten Urlaub in der Türkei, und wieder andere sprechen über ihren täglichen Ärger. Altes und Tagesgeschehen sind wie das Wetter stets wiederkehrende und beliebte Tischthemen. Natürlich geht es auch um den Weinbau, die geplante Weinsteuer und um eine eventuelle Neuregelung für den Zuckermarkt, die das Aus für manchen Rübenanbauer bringen kann. Der zugenommene Fluglärm – die Folgen einer Vergrößerung des Flughafens Rhein-Main – die Arbeitslosigkeit und die zunehmenden Einsätze der Bundeswehr in Krisengebieten sind heiß diskutierte Themen. Standortfragen der Industrie, die Entlassungen bei Opel in Rüsselsheim, die auch viele Rheinhessen betreffen, und die aktuelle Politik lassen die Menschen nicht kalt.

Das zufällig anwesende Paar, das nur noch am Stammtisch hatte Platz finden können, war inzwischen darüber froh. Dieser zunächst vermeintlich schlechte Platz war für die beiden ein Glücksfall geworden, weil sie hier Einheimische erleben und von ihnen viel von Rheinhessen erfahren konnten. Der Altbürgermeister kam nun am Ende eines gesprächigen, oft zwischen Hochdeutsch und Dialekt wechselnden Abends, zu diesem Schluss:

„Die ganz Geschicht dorch die Johrhunnerde hot manches gezeicht. Mär sieht, was besser, awwer aach was schlechter worr is. Un mär hot geseh, dass die Rhoihesse schun immer irschendwie se recht kumm sin. Schließlich hum mer in de ganz Welt Vewandte. Awwer aach die wo in all der Zeit dezu kumm sin, hun sich uff die hiesige Vehältnisse eigestellt. Integriert set mer heit do dezu. Egal ob des 1945 die Flichtling warn, orre spere die Grieche un Italiener. Selbscht die Judde, wann se aach sunscht so ern eichene Kram gemacht hun, hun vor de Hitlerzeit in alle megliche Vereine aktiv mitgemacht. Deß war'n echte Rhoihesse, wie mer aach. Schwerer ises awwer heit mit dene, die nor do wohne wollen, sich awwer abkapseln un sich dann wunnern, dass niemand vun ihne was wisse will, egal woher se kummen. Schlimm is nur, dass dann so e Bemerkung, wie die jetzt do, vun manche als fremdefeindlich bezeichnet werd. Dodebei sieht mär doch an de Werbung, dass Vieles bei uns schun amerikanischer is, wie bei de Amis selbscht. Naa, wär sich in Rhoihesse net selbscht ausschließt, find immer gure Nochbere. Die Geschicht zeicht aach, dass alle Zugezone noch immer echte Rhoihesse wor sin, wannses nor wollten. Awwer mär sieht inzwischen doch an de Name, was die Mobilidät fer Veännerunge bringt, un wie's ausgeht, waß kaa Mensch. Vielleicht vetreibt de Klimawandel die Mensche, vielleicht gibt's in dreißig Johr awwer aach deswe gar ka Rhoihesse meh, weil se kaum noch Kinner krien un Fremde mit ere Kinner kummen. Die Völkerwannerung hört halt nie uff un geht ewich weire. Viel Ärjer macht uns aach Brissel mit dem ganze Quatsch vun Veordnunge. Was wissen die Bürokrate dort schun vun Rhoihesse. Bis moje frieh kennte mer noch babbele, weil's noch soviel se vezehle geeb. – Er wissens jetzt, wo uns de Schuh drickt un dass die Rhoihesse net bessere, jerefalls awwer gemütliche Leit sin. Machens gut, un kummen wirre emol e rei.

Alla dann – un Tschüß fer heit!“

Brilmayer „Rheinhessen" (1905)
„Hassia Sacra" Band 3
Werbass 1785 - 1975 (Hrsg. Werbasser Heimatausschuss)
Dieter Curschmann, Geschichte von Undenheim (1988)
„Die Curschmanns" Heft Nr. 13 (1963)
Karte des Oberamtes Alzey (Reproduktion Freunde des Museums Alzey)
Mayers Konservations-Lexikon 1894
dtv-Atlas zur Weltgeschichte, Band 1 (1982)
Familienbriefe (um 1830)
Heimat-Jahrbuch 1962 (Landkreis Alzey) S. 50 ff. Papst, Klug
A. Weimar (1929): Die Zeitangaben nach dem französisch-republikanischen Kalender
Festschrift 150 Jahre Landkreis Alzey (1985)
Deutsche Weinzeitung Nr. 25 v. 1.9.1969
Archiv Standesamt der Stadt Alzey
Gemeindebuch Erbes-Büdesheim 1565 (VG Alzey-Land)
Urkunde (Gatterer Apparat 2772) Staatsarchiv des Kantons Luzern
1200 Jahre Gimbsheim (1967)
Archiv Museum der Stadt Alzey
„Geistermühle" (Schrift: Weingut Jakob Müller Erben)
25 Jahre EWG Alzey (1980)
Geschichte von Bechtheim (1976)
Alzeyer Geschichtsblätter (Heft 18)
Kreuznacher Heimatblätter (2/53)
„Damals auf dem Kühkopf" Hrsg. Bielohlawek-Hübel 1988
„Wie der Wein, so die Verse" (Warbinek) RebenSache Design und Verlag
Eigene familiengeschichtliche Forschung
Meyers Konservations-Lexikon 1890 Bd. 16
Walter Zimmer: „Der Alzeyer Wartbergturm", Heft 36
„Die Curschmanns" 1986
Rheinhessisches Weinlexikon 2002 (Hans Jörg Koch)
„Wege und Pfade am Wasser" Rhld.-Pfalz 2007

Infos der Rheinhessen-Touristik und des Rheinhessenwein e.V.
Infos der „IG Rheinhessische Weingewölbe"